ちくま文庫

［増補］

お砂糖とスパイスと爆発的な何か

不真面目な批評家によるフェミニスト批評入門

北村紗衣

筑摩書房

まえがき　不真面目な批評家によるフェミニスト批評入門

楽しむ方法を見つける

私は一年に一〇〇本くらい映画を映画館で見て、かつ一〇〇本くらい舞台も劇場で見ます。その全部について簡単な批評を書いて自分のブログにアップしています。また、一年に二六〇冊くらい本を読みます。

おかしいですよね。いくらなんでも多すぎます。大学教員なので、昼は授業をしています。でも、私の仕事は単に出勤して授業時間に話すだけではありません。きちんと研究して、その成果を授業で学生に還元しなければなりません。そのために映画や舞台を見たり、本を読んだりするので、まあこういうのは仕事の一部としてやっています。

でも、これだけたくさん見たり読んだりするのは、仕事だからというだけでは無理です。楽しくないと続けられません。私が年間一〇〇本ずつ映画と舞台を見る生活を続けられるのは、楽しむ方法があるからです。私の場合、その楽しむ方法が「批評」、とくに「フェミニスト批評」を用いた批評です。

楽しむというのは、ただ見て「面白かったー」と言うことではありません。もちろん、最初はそこから始まります。何かを見て面白いとか、美しいと思うのはとてもステキなことで、それだけで価値がある体験です。問題は、それだけでは満足できなくなった時です。

ただ「面白かったー」がなんとなく物足りなくなってきて、もう一歩、深く楽しんだり、調べたり、理解したいな……と思う時に必要なのが「批評」です。そもそも批評って何でしょうか？　作品から隠れた意味を引き出すことだとか、いや作品を価値付けすることだとか、批評の役割が何であるべきなのかについてはいろいろ議論があります。私は不真面目な批評家なので、批評を読んだ人が、読む前よりも対象とする作品や作者をもっと興味深いと思ってくれればそれでいいし、それが一番大事な批評の仕事だと思っています。楽しければ、何でもありです。

作品が興味深く思えるというのは、作品が優れているというのとは違います。批評は、対象を優れていると褒める必要はありません。ものすごくひどい作品でも、いったい何が問題なのかなど、いろいろな論点があるはずです。批評というのは、そういう論点を明らかにするプロセスです。ひどい作品を見た後でそれに関する批評を読むと、「そうそう、そこがこういう理由でひどかったんだ！」と思うことがあると思います。批評を読んだ後でもその作品はひどいままですが、ちょっとだけ興味深くなりました。

私の専門はウィリアム・シェイクスピアのフェミニスト批評です。フェミニスト批評では、あまり気付かないけれども実際にはテクストに隠れている性差別などを指摘することがよくあります。そういうことをすると、なんでわざわざけなすんだ、単純に楽しめばいいじゃないか、と言う人がいます。でも、私は深い意味を読み解くほうが楽しいからやっているのです。単純に楽しみたいという人は、それはそれでコンテンツの受容として正しいと思います。でも、別の方法で楽しみたい人もいるのです。

読者の皆さんがこの本を読んだ後、対象とした作品や事柄をもっと知りたいと思ったり、すでに知っているものが対象だった場合は興味深さが増したと思ってくだされば、幸いです。批評を読んだ後、皆さんにとって対象がお砂糖マシマシで甘くなったり、スパイスでピリっと感じたり、あるいは何か化学反応が起こって大爆発したりとか、そんなような変化が起こるといいなと思っています。

批評ってどうやるの？

さて、では批評というのはどうやってやるのでしょうか。批評家で教員だとこれをよく聞かれるのですが、とりあえず、すごく簡単に、私が考える一番わかりやすそうな批評のやり方を説明しようと思います。必ずしもこれが正解というわけではないのですが、自分が見ている対象をより興味深く見るために私が役立ちそうだと思う方法です。

批評はテクストを丹念に読むことから始まります。先ほども書いた通り、私はフェミニスト批評が専門ですが、まずはテクストを読む一般的な戦闘力をつけないと、批評はできません。飛び道具を使う前に体力をつけるのが先です。シェイクスピアなら近世英語の原文を読むのが望ましいのですが、研究者や翻訳者になる予定がなければ日本語訳でもかまいません。対象は別に読み物でなくてもかまいません。映画や舞台やゲームやスポーツなど、まとまったコンテンツなら何でもテクストとして読むことができます。文章なら一語一語に、映画なら細部の描写に注意を払って、一貫性のある形で読みを提供できるように見ていきます。この丹念に読むプロセスを「精読」と言います。

それから、どういう内容だったのかわかるように作品を描写してみます。批評を読んでから対象となっている作品を鑑賞した人が「批評のとおりだった！」と思うようなら、良い批評です。この「内容」というのは、あらすじレベルではなく、ヴィジュアルとか演技とか、いろいろなものを含みます。

内容紹介に留まっているだけでは、あまり面白い批評にはならないのが普通です。ここで大事なのが、何かひとつ、切り口を見つけることです。作品全体をあるキーワードで解釈できるような切り口が見つかれば、それだけでけっこう対象が興味深く思えてきます。これは何でもかまいません。たとえばこの本の第三部に入っている「べ、別にあんたのためにツンデレを分析してるわけじゃないんだからね！——シェイクスピア『十二夜』を考える」のキーワードは「ツンデレ」、第五部に入っている「愛の理想世界における、ブス——夢見るためのバズ・ラーマン論」のキーワードは、おそらくこの本で一番ショッキングな「ブス」です。切り口が決まったらそれに沿って分析してみて、最後にそのキーワードが入ったカッコいいタイトルをつけましょう。ほら、なんか前よりも作品を楽しめたような気がしてきませんか？

そうは言っても、すぐに切り口を見つけられるわけではありません。切り口を見つけるのに役立つ方法はいくつかあります。フェミニスト批評などの批評理論を学ぶ、というのもそうですし、もっと細かいテクニックもいろいろあります。たとえば象徴について分析したいときは「やたらしつこく出てきているモノに注目する」「通常であればそこに出てこないモノに注目する」というのをやってみると、細かい描写の意味が何なのか、わかることがあります。たとえば第五部の「隠れたるレズビアンと生殖――『わたしを離さないで』」でやったように、「ストレート」という複数回出てくる一語に注目することで、全体を一貫した形で読み解けるようになります。ストーリーを抽象的に考えてみるのもいいでしょう。たとえば、第二部の「プリンセスは男のロマン！――映画に出てくるお姫様と男たち」で説明したように、『ローマの休日』と『天空の城ラピュタ』は、平凡な男のもとに高貴な美女が突然現れて彼の運命を変える話なので、実はソックリです。

ここでひとつ強調しておきたいのは、批評をする時の解釈には正解はないが、間違いはある、ということです。よく、解釈なんて自由だから間違いなんかない、と思っている人がいますが、これは大間違いです。間違った解釈というのは、とくにフィクション内事実の認定に関するものを中心に、けっこうあります。フィクション内事実の認定というのは、ある物語の中で事実として提示されていることを正確に押さえられているかどうかです。たまに映画評などを読んでいると、「いや、そいつそこで死んでなくない？」とか「それ、説明する場面が最初にあったでしょ」みたいなツッコミを入れたくなることがありますが、そういう誤読ですね。いくら解釈が自由だと言っても、作品内で提示されている事柄の辻褄がおかしくならないように読まなければなりません。このへんは歴史学と似たところがあり、歴史学はさらに洗練された厳密なプロセスで間違った解釈を捨てるノウハウを持っています。これを理解しないで歴史学に取り組むと、詐欺まがいの学説に騙されたり、歴史修正的否認主義者になったりしてしまうわけですね。歴史同様、文芸に向き合う時も否認主義者にならないよう、気をつけなければなりません。

ところが、文芸に唯一の正解はありません。こういう最低限のツボさえ押さえて明らかな間違いを避ければ、自由に解釈していいのです。優れたテクストというのはわりと曖昧でどんな受け手にもフィットしてくれますから、いろいろな解釈が可能な場合が多いのです。作品があなたを呼ぶなら、信じて飛んでください。

ただし、気をつけなければいけないのは、「自由な解釈」というのは実は全然自由なんかじゃない、ということです。人間は今まで生きてきた世界によって、知らないうちにものの見方を規定されてしまっています。このため芸術を鑑賞する際、「自由に」見ると結局、自分がとりこんだ世界のステレオタイプに従ったことしか言えなくなってしまうことがあります。紙にバラバラにたくさん点を打ってくださいと言われた時、ありもしない線の上みたいなところに点を打ってしまって、あまり自然に点がばらけなくなることがあります。解釈もこれと同じです。訓練せず自由に考えると、今までの固定観念に縛られた考えばかり出てきます。独創的な批評をするためには、今まで自分が檻に入っていたことを認識して、それをブチ壊す必要があります。自由に見ていいのですが、ちょっとキングコングになったつもりで見てください。檻の中からではなく、エンパイアステートビルの上から眺めるのです。

フェミニスト批評は楽しむため

私にとっては、この檻を破る道具がフェミニスト批評です。これを使ったほうが私は作品を楽しめるし、ひょっとすると私以外の人たちにとってもちょっとは楽しくなるかもしれない、と思っています。第五部の最後に収録した「女は自由な社会の邪魔者なの？――ディストピアSFの性差別」で詳しく書いたように、私は子どもの頃、何が面白いのかまったくわからないし、むしろ不愉快、みたいな作品にたくさん出会いました。フェミニスト批評の考え方を身につけることで、私はハクスリーの『すばらしい新世界』に対する感想を、ただの嫌いから、興味深い嫌いに変えることができました。

フェミニスト批評は、これまでの批評が実は男子文化だった、というところに立脚しています。批評の歴史において、批評家は男性中心的な社会の中で作られたテクストを男性中心的な視点で読み、それが普遍的に通用する解釈なんだ、と無意識に思い込んでいました。私たちは男性中心的な社会に生きていて、性別や性的指向を問わず、知らず知らずのうちに男性中心的なものの見方を身につけてしまっています。女性は自然と男性にあわせた見方でものを見ていることも多く、なんか変だな……と思ってもうまく言葉にできなくなりがちです。

その中で、フェミニスト批評や、その近接分野であるクィア批評というのは、女である私にも楽しめる読み方を提供してくれるものでした。クィアというのはこれまたとても定義しづらい概念で、もともとは「変態の」「奇妙な」というような意味の侮蔑的表現です。現在ではこうした侮蔑を逆手にとって、世間的に「正常」とされるセクシュアリティにおさまらないことを「クィア」と呼称しています。同性愛やトランスジェンダーなどにかかわることだけをクィアを呼ぶと思っている人もいるようですが、これは若干不正確で、いわゆる「フツー」と違う、何か逸脱があるようなセクシュアリティにかかわるものはすべて包含しうる概念です。こうしたセクシュアリティにおける逸脱や「何かが違う」ものをテーマに文学や芸術などを読み解く批評をクィア批評と呼びます。

フェミニスト批評では、テクストを丹念に読みこんで、作品に描かれた女性像に着目するとか、女性作家に光を当てるとか、隠れた性差別を暴くとか、男性性や女性性などを切り口にするとか、さまざまなやり方で分析をします。クィア批評は着目点がセクシュアリティや逸脱になります。こういう批評を使って映画や芝居を見たり、小説を読んだりすると、今まで自分が解釈の檻にとらわれていたことがわかって愕然とする一方、作品がより自分に近付いてくれたような気がしてワクワクします。まあ、たまには余計嫌いになる作品もありますが、それも興味深いほうの嫌いです。だいたいの場合は、批評のおかげで私の世界はもっと楽しくなります。女性だってもっと自分たちのやり方でコンテンツを楽しんでいいし、そこで開発された楽しみ方は女性に留まらず、いろいろな人に楽しみを届けてくれる可能性があると思います。

本書は、私がサイゾー傘下のウェブサイトであるｗｅｚｚｙに連載していたゆるふわ（?）フェミニスト批評のコーナー「お砂糖とスパイスと爆発的な何か」に書いた原稿を中心に集めたものです。フェミニスト批評で私が大事だと思うテーマに分け、書き下ろしを加えました。タイトルは、イギリスの古い童謡「男の子って何でできてるの?」の歌詞からとったものです。この歌詞には「女の子って何でできてるの? お砂糖とスパイスとあらゆる素敵なもので」(What are little girls made of? Sugar and spice and everything nice) という一節があるのですが、私はこの女の子が「ナイス」

(nice、つまり「素敵」)なものでできているというのがどうも引っかかってイヤだなと思ったので、そこを変えました。私たちは別にナイスなものではできていないし、ナイスになる必要なんてないんだ、という意味をこめたタイトルです。

この本は六つの部に分かれています。第一部は「自分の欲望を知ろう」です。女性は自分の欲望について正直に話すのを阻害されてきたところがあり、まずはその抑圧を取っ払うところから始まると思ったので、これが最初です。第二部は「男らしさについて考えてみよう」としました。男性はここ数千年くらいずーっと女性のことを勝手な視点から分析してきました。逆に女性の視点で男性についての文学や芸術を分析することで、何か新しい発想が出てくるかもしれません。第三部は「ヒロインたちと出会おう」というタイトルですが、ここは私のお気に入りの生き生きとした女性たちを紹介する一方、今までの芸術における女性の描き方に疑問も投げかけています。第四部「わたしたちの歴史を知ろう」はちょっと趣向を変えて、作品分析よりは文学とか映画の歴史的背景を探るためのセクションです。歴史を書いてきた人の多くが男性だったこともあり、女性の歴史はまるでないもののように扱われてきました。あらゆる表現に歴史があり、私たちのものの見方はそうした歴史の産物だということを考えるためには、過去を知るのが大事です。第五部「ユートピアとディストピアについて考えよう」では、理想の世界とその反対の恐怖に満ちた世界について考えます。フェミニズムと社会のかかわりを考えながら今の時代を生きる上で、ユートピアやディストピアについて知ることは助けになると思います。文庫版での増補となった第六部「型にはめない、はまらない」では、私の個人的な経験も含めて、世の中が押し付けてくる「型」にはめられることと、そこから抜け出すことについて考えます。

それでは皆さん、どうぞ好きなところからお読みください。最初から順番に読む必要はありません。一番自分がコミットできそうなところから取りかかってみる、それがフェミニズムの大事なところです。さあ、どこからでも、読んでみてください。

目次

まえがき　不真面目な批評家によるフェミニスト批評入門　3

1　自分の欲望を知ろう

さよなら、マギー――内なるマーガレット・サッチャーと戦うために　22
バーレスクってなんだろう？　32
BL視点で読む『嵐が丘』――関係性のセクシーさを求めて　39
檻に入っているのは、犬じゃなくて私――ヴァージニア・ウルフ『フラッシュ』　48
女はなぜ悪い男にばかり引っかかるのか？
――『西の国のプレイボーイ』に見る良い男、悪い男　57
〈コラム〉初任給とヴァージニア・ウルフ　66

2　男らしさについて考えてみよう
キモくて金のないおっさんの文学論
——『二十日鼠と人間』と『ワーニャ伯父さん』　70
アメ車、男たちの絆、この惑星最後の美しき自由な魂
——『バニシング・ポイント』　82
対等な女を怖がる男たち——男の幻想に逆襲する喜劇『負けるが勝ち』　92
プリンセスは男のロマン！——映画に出てくるお姫様と男たち　101
ロマンティックな映画としての『ファイト・クラブ』　109
〈コラム〉発展を続けるバーレスク　118
3　ヒロインたちと出会おう
シェイクスピア劇の魅惑のヒロイン、無限に変化する女王クレオパトラ　122
世紀末の悪女？　自己実現のため戦うヒロイン？　ゲイのアイコン？
——オスカー・ワイルドの『サロメ』　128

べ、別にあんたのためにツンデレを分析してるわけじゃないんだからね！
——シェイクスピア『十二夜』を考える　136
ディズニーに乗っ取られたシンデレラ——民話の変貌をたどる　146
理想宮か、公共彫刻か？——『アナと雪の女王』　155
〈コラム〉北米のシェイクスピア祭　164

4　わたしたちの歴史を知ろう

女の子がムラムラしてはいけないの？　イギリス文学における女と性欲　168
「#女性映画が日本に来るとこうなる」の「女性映画」ってなに？
——変わりゆく女たちの映画　178
女性映画としてのトランスジェンダー女子映画
——『タンジェリン』と『ナチュラルウーマン』　186
読書会に理屈っぽい男は邪魔？
女性の連帯を強める読書会の歴史を探る　196
ミス・マープルは何でも知っている——変わりゆくアガサ・クリスティの世界　202

〈コラム〉フェミニストの洋服えらび　209

5　ユートピアとディストピアについて考えよう

愛の理想世界における、ブス――夢見るためのバズ・ラーマン論　214
隠れたるレズビアンと生殖――『わたしを離さないで』　226
父の世界からの解放
　――「フェミニスト的ユートピア」を描いた『バベットの晩餐会』　234
「女だけの街」を考える　241
女は自由な社会の邪魔者なの？――ディストピアSFの性差別　251
〈コラム〉『ダウントン・アビー』と女性参政権運動　263

6　型にはめない、はまらない

『人魚姫』は何の話なのか？――『リトル・マーメイド』の原作に戻る　268
ビートルズが歌う「ボーイズ」はなぜ面白いか

——歌手のジェンダーと歌詞のジェンダーステレオタイプ　278
ハリー・ポッターとイギリス文学における同性愛
——『ハリー・ポッターと死の秘宝』精読　285
レズビアン死亡症候群、サイコレズビアン
——ステレオタイプなマイノリティ描写はなぜ問題？　298
発達障害と診断された私
——ASDとADHDだとわかるまでに出会った本や映画について　306
どうもありがとう、パメラ・アンダーソン　315

単行本版あとがき　批評家は探偵　325
文庫版あとがき　お砂糖とスパイスの賞味期限　329
初出一覧／画像出典一覧　xxi
参考文献　i

1 自分の欲望を知ろう

さよなら、マギー――内なるマーガレット・サッチャーと戦うために

「家庭の天使」のまぼろし

もし書評をしようとするなら、ある幻と戦わなければならないことが分かりました。その幻は女性ですが、私は彼女をよく知るようになると、有名な詩のヒロインにちなんで家庭の天使と名づけました。彼女は、私が書評を書いているとき、私と原稿用紙の間によく介入してきました。私を悩ませ、私の時間を無駄にし、とても私を苦しめましたので、とうとう彼女を殺してしまいました。（ヴァージニア・ウルフ「女性にとっての職業」、訳書三頁）

これは二〇世紀前半に活躍した著名な英国の作家、ヴァージニア・ウルフが一九三一年に行ったスピーチの一部です。ここで出てくる「家庭の天使」というのはコヴェントリー・パットモアが一九世紀半ばに発表した詩で、家庭内で妻や母の役割を果た

す女性を褒め称えた作品です。ウルフによると、男性が書いた本を批評しようとした時に家庭の天使が現れました。できるだけ優しく、お世辞を使って男性を称賛し、自分に脳ミソがあるなどということは悟られないようにしなさい、というようなことを助言してくれたということです。

もちろん、こんな天使は実在しません。ウルフは、女性が自分で考えて行動をしようとする時にのしかかってくる社会的抑圧を擬人化して「家庭の天使」と呼んだのです。こうした抑圧は、人が社会とかかわる中で自然と内面化してしまうものです。当たり前のように身につけてしまったので、抑圧が存在し、自分を苦しめていることにすら気付かないこともあります。フェミニストでバイセクシュアルだったウルフは、この抑圧を作家らしく言葉で具体化し、対抗しようとしました。

なんだかわからないけれども自分を苦しめているものを見定めて名前をつけることは、それと戦ったり、対処したりしていく上で役に立つことがあります。ウルフは「家庭の天使」という名前をつけました。一八世紀の学者サミュエル・ジョンソンは自分の鬱を「黒い犬」と呼び、英国首相でふさぎの虫に悩んでいたウィンストン・チャーチルもこの言葉を好んで使っていました。ここでは、この心の中の抑圧や不安に名前をつけて戦うことについて、ウルフに倣ってフェミニストとしての私の経験を書いてみようと思います。

男社会に適応したマーガレット・サッチャー

皆さんの心には「家庭の天使」はいますか？　いる、という人もたくさんいると思います。そんな人には、ウルフを読むことをオススメします。しかしながら、正直私には「家庭の天使」があまりピンときません。心の中に住む抑圧はさまざまですし、人によって対処法に違いがあります。私の心に住んでいる厄介者は「内なるマギー」です。ウルフは二〇世紀前半のイギリスにおいて女性は家庭にいるべきだとする考えを内面化していましたが、私が内面化してしまっているのは、女性も男社会に同化して成功せねばならないというもう少し新しいタイプの強迫観念です。

マギーというのは英国史上初の女性首相で保守党党首だった「鉄の女」ことマーガレット・サッチャーのあだ名です。一九七九年から一九九〇年まで首相をつとめた、八〇年代を代表する政治家です。極めて毀誉褒貶（きよほうへん）の激しい政治家で、強い指導力で保守派から尊敬される一方、反対派からは忌み嫌われています。サッチャー政権は国営企業の民営化や鉱山の閉鎖を推し進めたため、かつて鉱山があった地域では雇用と地域を破壊した張本人として恨みを買っています。他にも北アイルランド紛争への対応を批判する北アイルランド住民や、一九八九年にサッカー場で起こった群衆事故であるヒルズボロの悲劇に政権が適切な対処をしなかったと考えるサッカーファンなど、いろいろな人がマギーを嫌っています。二〇一三年にマギーが亡くなった時には、反サッチャー派が映画『オズの魔法使』の挿入歌「鐘を鳴らせ！　悪い魔女は死んだ」をｉＴｕｎｅｓチャートに送り込みました。

マギーはフェミニズムにはまったく関心がなく、服装もふるまいも男社会の決まりに適応していました。男社会の構成員として振る舞い、他の女性を助けることもしませんでした。「社会などというものはない」という有名なマギーの発言がありますが、徹底した個人主義者で、社会の中で不利益を被っている人々がアイデンティティに基づいて結束するような運動には共感しませんでした。セクシュアルマイノリティに対しても冷たく、一九八八年には地方政府や公教育機関が同性愛を奨励することを禁じた法律を作りました。マギーは帝国主義、差別、弱者の搾取といったものを象徴する存在と見なされており、フェミニズムやセクシュアルマイノリティの権利にとっては敵です。

心にひそむ闇のマギー

しかしながら、マギーには強烈なカリスマがあります。

マギーはリンカンシャーの小さな町グランサムで、それほど裕福でもない食料品店の娘として生まれ、努力の末にオクスフォード大学を卒業しました。下院議員に当選した後、首相の座に上り詰め、女性政治家として前例のないような成功をおさめました。そして重要なことは、マギーは美人ではありませんが自信に満ちていたことです。美人でなくても努力で成功できるなんて！　同じような田舎で生まれてひとかどの人間になりたいと思う女性には、輝かしいロールモデルに見えます。

かくいう私も北海道の田舎にあるとても小さな町で生まれました。大学の進学率が四割に満たず、町の高校から国立の総合大学に進学する人はごくわずかです。中学校は教員からいじめを受けていたため不登校となりあまり行きませんでしたが、勉強がとても好きだったので、頑張って列車通学で一時間以上かかる旭川の高校に入り、東京大学に入学した後、奨学金で留学し、イギリスの大学院で博士号をとりました。

はっきり言って、たいていの政治家よりもマギーのキャリアパスのほうに私は親近感を抱きます。マギーは、顔はたいして可愛くないけど成功したい田舎娘にとっては希望の星です。こう思うのは私だけではありません。『オレンジだけが果物じゃない』（一九八五）などの小説で有名な作家のジャネット・ウィンターソンはレズビアンですが、一九七九年の選挙でマギーに投票したと言っています。ランカシャーの田舎で富裕ではない敬虔な家庭の養女として育ち、苦労してオクスフォード大学で学んだウィンターソンにとって、やたら男っぽい労働党の政策は魅力がなかったそうです。ゲイの男性もサッチャーに惹かれることがあります。保守派のアーティスト、ギルバート&ジョージをはじめとしてマギーをゲイのアイコンとみなす人も多数います。ジョージはデヴォンの田舎で労働者階級のシングルマザーに育てられ、ギルバートは移民でした。マギーは野心を持った田舎育ちの変わり者にとって、ある種の憧れをかき立てます。

「内なるマギー」が私に話しかけてくるのは、おそらくこういう田舎娘の野心とコンプレックスのせいです。私が何か社会での出来事について「これはちょっとおかしいんじゃないか」「これは女性に対して不公平なんじゃないか」と思う時、完璧な髪型と服装でキメた内なるマギーが話しかけてきます。「社会などというものはありませんね」「あなたが頑張って成功するのに、他の女性を助ける必要なんてありますか？」「なぜ、自分で努力をしない人を気遣うんですか？」。男社会の決まりにそった服装や髪型にしたくないなと思う時には、マギーが「あなたは田舎育ちなんだから、育ちがわからないようしっかりした身支度をしないとダメです」と言ってきます。マギーは私が常にきちんとした服装で、社会と波風を立てず、自分の成功だけに専心することを望んでいます。内なるマギーは、私の心の中にある男社会でバカにされず立派な人間として認められたいという野心を象徴しています。マギーに従えば男性中心社会や資本主義社会を生き抜けるはずなのです。利己的になりなさい！　個人主義的になりなさい！　あなたはエリートらしく振る舞わないといけないんです！

そんなわけありません。マギーの言うことなんか聞いてはいけません。だいたい、なぜ男社会の決まりに従って成功しないといけないのでしょうか？　スーツは捨ててヒラヒラのレースとかを着たっていいじゃないですか。他の女性が困っている時にはできるかぎり助けましょう。私は弱い人間なので、自分だってそのうち助けが必要になるかもしれません。おかしいと思ったことは批判しなければ良心が許しません。マギーは「家庭の天使」と同じくただの幻で、私が昔から抱えていた強迫観念に名前がついた存在に過ぎません。そういうわけで、理性で内なるマギーを頭から追い払います。

ところが、なかなか行動がついてこないことがあります。たとえば私は英語の訛りが変わっていてしょっちゅうロシア人に間違えられるのですが、これを直そうとしてゆっくりはっきり英語で話していたところ、聞いていた人に「サッチャーみたい」と言われてショックを受けました。マギーの英語は育ちを隠すために訓練で身につけた非常に人工的なアクセントです。自分では気付いていませんでしたが、私の頭の中に、女性が話を聞いてもらうためにはマギーみたいな英語をしゃべらなくてはいけないというような考えがあったようなのです。それ以来、マギーみたいに聞こえたくなくて発音矯正をやめたため、私の英語は今でもロシア人英語です。

マギーを抑えるには

ウルフが「家庭の天使」を殺そうとしたように、私も日々、「内なるマギー」を殺そうとしています。マギーを野放しにしておくと、だんだん自分がしばき主義者になっていくからです。しかしながらなかなかマギー殺しはうまくいきません。心が弱っている時に限って、普段なら許せないようなことを放っておけとか、成功のために邁進しろとか言ってきます。

マギーを殺すのは無理かもしれませんが、対抗するための方法はあります。そのひとつが、マギーと戦う幻を自分の心に住まわせるというものです。映画『サフラジェット』（日本語タイトル『未来を花束にして』、二〇一五）を見てからは、サフラジェットのリーダー、エメリン・パンクハーストを頼るようにしています。エメリン役を演じたメリル・ストリープは、『マーガレット・サッチャー――鉄の女の涙』(二〇一一)でマギー役も演じているので、マギーっぽいことが頭に浮かんだらだんだんメリルがマギーからエメリンに変わっていくところを想像し、女性の権利のことをエメリンに話してもらうようにしています。

よく考えればマギーよりもはるかに素晴らしいフェミニストのロールモデルがいろいろいるではないですか。もしあなたがラディカルなアナキストなら、田舎娘から自由奔放な活動家になった伊藤野枝とか、リトアニアからアメリカに移民した不屈の闘士エマ・ゴールドマンなどを心に住まわせればいいと思いますし、もう少し穏当に仕事で成功したいと思っているのなら、アメリカの最高裁判事であるルース・ベイダー・ギンズバーグとか映画スターのエマ・ワトソンなどがいます。芸術好きなら、ナイジェリアの作家チママンダ・ンゴズィ・アディーチェや、メキシコの画家フリーダ・カーロを思い浮かべればいいし、スポーツが好きなら大西洋単独横断飛行をしたパイロットのアメリア・エアハートを心に住まわせましょう。全部ダメなら、マドンナとかビヨンセとかにパワフルなダンスで抑圧を追っ払ってもらいましょう。

みなさんの心にいるのはマギーか、家庭の天使か、あるいは黒い犬か、その他の何か全然違うものかもしれません。育った環境や性格によって抑圧の種類は全然違うので、皆が家庭とか成功への強迫観念を抱えているわけではまったくないでしょう。しかしながら、もし心に何かの暗い抑圧があるのなら、それと戦ったり、うまく付き合う方法はきっとあると思います。ウルフのような偉大なフェミニストの心にも家庭の天使が住んでいたのですから（しかもウルフは同じ文章で、初めての原稿料は猫を買うのに使ってしまい、大人の職業婦人らしくなかったと告白しています！）、我々のような凡フェミの心に抑圧が住んでいるのは当たり前です。もし家庭の天使やマギーが囁いてきたとしても、自分はフェミニストとは言えないのではないか……とか、家庭生活や男社会での成功に魅力を感じるのは悪いことなのではないか……とか、気に病むのはよくありません。何か楽しいことを考えて、大きな声で言いましょう。「さよなら、マギー。できるだけ、お会いしたくないものです」

バーレスクってなんだろう?

バーレスク（burlesque）という言葉を聞いたことがおありでしょうか。この言葉は歴史的にさまざまな文学・演芸を指すために用いられてきたのですが、現在の舞台芸術で「バーレスク」というとストリップティーズ（striptease）、つまりステージで服を脱ぐことを中心に、バレエやベリーダンスといった踊りはもちろん、お笑いや空中ブランコ、マジックから朗読までいろいろな演芸を組み合わせたパフォーマンスを指します。「ストリップティーズ」は「服を脱ぐ」という意味の"strip"と「じらす」ことを意味する"tease"からなっています。ストリップと言っても全裸になるショーはそれほどたくさんあるわけではなく、女性の場合は乳首にペイスティと呼ばれる小さな衣装をつけるなどしていくぶんかは体を覆うことが多いのですが、重要なのはストリップよりもむしろティーズのほうです。裸を見せるよりは服を脱ぎながら観客の期待を操作し、ステージと客席の間である種の力の駆け引きを行うことがバーレスクの醍醐味です。雑多な演芸を取り込んだバーレスクの総体はなかなかつかみにくいところもあるのですが、本記事では、筆者である私の鑑賞体験に歴史やフェミニズムとのかかわりなどをからめつつ、バーレスクというのはどんなものなのか、漠然とでも皆さんに理解していただけるよう、簡単に解説します。

私が初めてバーレスクを見たのは二〇一〇年一一月のことです。キングズ・カレッジ・ロンドンの英文学科に所属する学生で、博士論文を書いていました。研究テーマはウィリアム・シェイクスピアと女性の観客・読者ということで、女性の観客コミュニティ一般に興味がありました。バーレスクが女性に人気があるという噂はすでに聞いていましたが、なんとなくセクシーなものらしいということ以外はほとんど何も知りませんでした。ところがある日、地下鉄の駅を歩いていたところ、オリンピアの国際展示場で開催されるロンドン・エロティカに、バーレスクの大スターであるディタ・フォン・ティースが来るという宣伝が目に入ったのです。ディタはその数年前までマリリン・マンソンと結婚しており、一時期はふたりで「ゴスのロイヤル・カップル」と呼ばれていました。ゴスの女王が踊るところなんて日本に帰ればまず見られないでしょうから、これは行かなきゃ損すると思いました。

ロンドン・エロティカはエロティックな衣装やグッズなどの見本市で、ショーは仮設ステージで行われます。ディタのショーは阿片がテーマでした。最初は豪華な衣装を着ていたものの、どんどん脱いでいき、最後は胸などの大部分が露わになりました。コルセットやハイヒールを脱ぎ捨ててもまったく変わらないボディラインと、つま先立ちで大きな扇を振りながら完璧に動きをコントロールする洗練されたダンスには感銘を受けましたが、正直なところ、あまりにもわざとらしい東洋趣味と、目の前でほぼおっぱい丸出しの女性が踊っていてそれに周りの女性が大喜びしている状況がよく理解できませんでした。全体的になんとなくバカバカしいような気がしたのですが、笑っていいのかどうかもよくわからなかったのです。ここでわからないからもう見なくていいやと思っていれば今ここでこの文章を書いていないわけですが、なんとなく不思議な魅力は感じましたし、また研究者としてはこんなに謎なショーが女性に人気というのだからもう少し調べてみるべきだと思いました。観客研究に役立つかも……という下心も多少ありました。

もう少しバーレスクについて知ろうと決心した私は、翌年ロンドン・バーレスク・フェスティヴァルに通うことにしました。これは五日間（開催期間は年によって多少違いますが）にわたって行われるバーレスクのお祭りで、毎晩いろいろなクラブでショーが行われます。その一方でバーレスクに関するいろいろな本や論文を読み、知識を蓄えました。それによると、脱衣を伴うセクシーなショーとしてのバーレスクは一九二〇年代から一九六〇年代頃までは北米を中心に盛んに行われていましたが、その後は一時期廃れてしまい、一九九〇年代にニュー・バーレスクあるいはネオ・バーレスクとして復活したということでした。バーレスクのパフォーマーは女性が多いものの男性もおり、男性のショーはボーイレスク（Boylesque）と呼ばれます。現在のバーレスクファンは女性がかなり多く、またセクシュアルマイノリティのコミュニティでも人気があります。一九九〇年代以降のバーレスクは女性の自由な自己表現という点で強くフェミニズムと結びついていることがポイントです。

ロンドン・バーレスク・フェスティヴァルをはじめとするさまざまなショーを見ていくうちに、私はフェミニズム（場合によってはクィア理論も）とバーレスクの結びつきをかなり実践的に理解できるようになっていきました。最初はおっぱいを揺らしてタッセル（ふさ）のついたペイスティをこれでもかとばかりに振り回し、歩くのすら驚異的と思える高いヒールで闊歩するショーに圧倒されるだけでしたが、こうしたパフォーマーたちは皆自信に溢れていました。心の底では着てみたいと思っていても到底着る自信が持てないような派手でキラキラで個性的な服装や、たった数分という短さできっちりと何らかのコンセプトを表現する考え抜かれたショーの構成からは、社会の押しつけを気にせず自分が美しいと思うものを表現したいという芸術的な意欲が強く感じられます。

また、ディタのように誰が見ても古典的な美人だと思うようなパフォーマーがいる一方、伝統的に「女性らしい」美しさとはかけ離れた容姿、つまり太っていたり、背が低かったり、やせっぽちで貧相だったり、坊主頭だったりするようなパフォーマーもたくさんいます。そうしたパフォーマーは画一的な美の基準を問い直し、あざ笑うような先鋭的なショーをすることも多く、こうした演目を見ていると、私たちはいたるところに美が潜んでいるにもかかわらず、いかに無思慮に伝統的な基準から外れる美を切り捨てているのか思い知らされます。中にはジェンダー・ステレオタイプや政治の腐敗などを辛辣に諷刺するショーもあり、とくに英国では王室をバカにする演目もあったりします。

こうしていろいろなショーを見たり、研究を読んだりしているうちに、私が最初にディタ・フォン・ティースを見た時に感じたわからなさがなんとなく言語化できるようになりました。ディタは誰からもゴージャスで美しいと認められるショーガールで、衣装もダンスも非常に洗練されているので、見ているだけでうっとりします。でも、後に太っていたりやせっぽちだったりするパフォーマーたちのショーを見て私が感じた、どんな姿であっても自分に自信を持って良いというメッセージや、普段は世間の

「空気」に押されて無視してしまう美しさに気付かせてくれるような驚きは与えてくれませんでした。

バーレスクの研究や批評では、どんなにバーレスクコミュニティの女性たちがフェミニズムやクィア理論にコミットしていようとも、服を脱いで裸になっていくパフォーマンスが男性中心主義的な欲望にとりこまれてしまい、女性の美に関する画一的な基準を称揚する傾向に与してしまうのではないか、という危険性も指摘されています。研究者のジャッキー・ウィルソンは、バーレスクの世界は多様で必ずしも古典的な美人タイプのパフォーマーばかりが活躍しているわけではないのに、ディタのようにいかにも女性っぽく華やかなスターばかりが主流メディアでとりあげられることで、バーレスクが単に可愛くて楽しいだけのいわば毒気を抜かれた形で世間に受け入れられているところが大きい、と分析しています。夢のような美しいショーをする女性たちは男性の欲望や世間の空気のためではなく、自分の創作意欲や美意識のためにショーを行っていますし、彼女たちはバーレスクの質の向上に大きな貢献をしています。しかしながらそうしたパフォーマーにばかり注目していると、バーレスクの中に潜んでいる反逆や諷刺の精神、フェミニズム、自由への希求、型にはまった美の基準への異議申し立てといった哲学を見逃してしまうかもしれません。

最後に、私がバーレスクのとがった志を非常に強く打ち出していると思う、お気に入りのスターを紹介して終わりにしようと思います。アメリカ出身のパフォーマー、ダーティ・マティーニはかなり恰幅が良く、ほっそりした女性を褒めそやす現代の風潮からするとスタイルが良いとは言いがたい容姿です。しかしながら彼女はバーレスクの世界では大人気で、極めて美しくかつ皮肉のきいたショーで有名です。二〇一〇年の『さすらいの女神（ディーバ）たち』というバーレスクを扱ったフランス映画に出ているので、そこで見たという方もいるかもしれません。ダーティの'Love America'のショーはアメリカのナショナリズムと拝金主義の堕落を容赦なく皮肉ったもので、お腹の底から笑えて、かつ考えさせられるものです。キラキラしてセクシーだけどそれだけではない、先鋭的なところもあるバーレスクをぜひいろいろな方に知ってほしいと思っています。

ＢＬ視点で読む『嵐が丘』――関係性のセクシーさを求めて

『嵐が丘』はセクシーな小説か？

皆さんはエミリー・ブロンテの小説『嵐が丘』を読んだことがおありでしょうか。一八四七年に書かれた作品で、ヨークシャーの荒野を舞台に展開する激しい愛の物語は長年数多くの読者に愛されています。恋愛小説としてはイギリス文学史上最も人気がある作品のひとつといえるでしょう。

『嵐が丘』はなかなか一筋縄ではいかない小説です。話の大部分は女中のネリーがよそ者のロックウッドに「嵐が丘」にまつわる物語を話す、という枠に入っています。前半はアーンショー家の娘キャシー（キャサリン）と、一家にひきとられた身元不明の孤児ヒースクリフの恋からはじまります。中盤は、キャシーが他の男と結婚してしまった後にヒースクリフが企む復讐などが軸になります。そして後半は、キャシーやヒースクリフの子どもの世代が中心人物として登場します。壮大なスケールで、長い時間をかけて展開する愛と憎悪の物語なのです。

ひとつ、私がこの小説について昔から気になっていることがあります。それは、この小説はセクシーな小説なのかそうでないのか、ということです。私が初めて日本語訳でこの小説を読んだのは高校生くらいの頃でしたが、その時に読んだ文庫本の訳者あとがきに、こんなことが書かれていたのです。

「『嵐が丘』は」まことに強烈な恋愛を描いていながら、どんな控え目な女性の作品にも現われる肉体的、あるいはエロティックな描写がほとんどみられない［。］（エミリー・ブロンテ『嵐が丘』、訳書下巻二七五頁）

えっ、この小説は「エロティック」ではないの⁉　と私は思いました。高校生なので細かいところはあまりよくわからなかったですし、たしかに明白に「エロティック」と言えるような性描写はありません。それでもこの小説は雰囲気が妖艶ですし、私の基準ではじゅうぶんセクシーでしたから、大人にはわかるようないろいろとセクシーな暗示があるのだろうと思っていたのです。

このあとがき自体は一九六一年に書かれたようなのですが、他のところでエミリー・ブロンテのことを「世間知らずの二十八、九歳の老嬢」（同二六六頁）と呼ぶなど性差別がひどく、二〇〇〇年頃に高校生だった私にとっては「こんなに女性作家を悪く言うなんてひどすぎる！」とびっくりするようなものでもありました。

大学に入って原文で『嵐が丘』を学んだ時もやはりセクシーな小説だと思ったので、このあとがきだけが鈍感なのだろうくらいに思っていました。ところが、今年になって、勤め先の大学で使っている教科書の中で『嵐が丘』について似たような記述に出会いました。


これほどの激しい愛の物語はないであろう。しかし、それにもかかわらずこの作品には扇情的な官能性は感じられない。（白井義昭『読んで愉しむイギリス文学史入門』、八八頁）

私は頭を抱えてしまいました。『嵐が丘』がとてもセクシーな小説だと思っていたのは私だけなのでしょうか？　私の頭が何かよからぬ妄想でいっぱいなだけで、この小説は実は全然官能的ではないのでしょうか？

しかしながら、どうもこの小説がセクシーだと思っている人は私だけではないようです。論文データベースでちょっと探してみただけで、『嵐が丘』のエロティシズムに言及している批評がいくつか見つかります。また、一九三九年にローレンス・オリヴィエ主演で作られた映画『嵐が丘』は、アメリカン・フィルム・インスティテュートが一九九八年から二〇〇八年までに発表した「AFIアメリカ映画一〇〇年」という映画ランキングシリーズで二度も名作としてとりあげられ、連動して製作されたCBSのテレビ特番では、ヌード描写などは一切ないのに「セクシーな作品である」ということがオススメ理由のひとつになっていました。映画と小説は違いますが、この作品の「セクシーさ」の有無を探るなんらかのヒントにはなります。

さらに私が確信を持ったのが、二〇一五年の夏に研究調査のためヨークシャーに行った際、空き時間に訪れたハワースで見た光景です。ハワースは『嵐が丘』の著者エミリーはもちろん、姉で『ジェイン・エア』の著者であるシャーロットと、妹で『ワイルドフェル・ホールの住人』の著者であるアンが住んでいました。今では世界から文学ファンが訪れる聖地です。

そこで私は、『ジェイン・エア』と『嵐が丘』、そしてなぜかまったく関係ないジェイン・オースティンの『高慢と偏見』のマグカップが売られているのを見つけました。『高慢と偏見』の男性主人公であるダーシーや、ヒースクリフの名前がデカデカと書かれたカップがお店の軒先にぶら下がっています。ダーシーといえば、一九九五年に

ダーシーやヒースクリフの名前が入ったマグカップが並べられた、ハワースの店の軒先

ハワースとキースリーをつなぐ保存鉄道であるキースリー＆ワース・ヴァレー鉄道

BBCのテレビドラマ版でコリン・ファースが演じて以来、英国女性の間では英文学史上最強のセックスシンボルと謳われるキャラクターです。そんなダーシーと一緒にマグカップが売られているからには、女性ファンにとってはヒースクリフもダーシー同様のセックスシンボルであるに違いない、と私は思いました。さらに『嵐が丘』のマグカップには、「あんた自分がけっこうハンサムだと思わないの? 私はそう思うけど。変装した王子様といってもいいくらい」という、ネリーがヒースクリフに言う台詞が書かれているものもありました。ヒースクリフはワイルドで残酷で激しいので、紳士的なダーシーとはちょっと違う層にアピールするのでしょう。

セックスシンボルが出てくるセクシーな小説を読んだ世界中の女の子がハワースにやってきて、うっかり冗談みたいなマグカップを買ってしまう。やはり『嵐が丘』はセクシーな小説に違いないのです。

BL好きでよかった! 『嵐が丘』の関係性

ここまで来て、私はあることを思いつきました。『嵐が丘』にセクシーさを見出すためにはちょっと特殊な技術を必要とする読み方、BL視点で考えるいわゆる「腐女子」的な読解技術が必要なのではないか、ということです。

腐女子についてはとくに説明するまでもないでしょうが、男性同士の恋愛を扱ったＢＬ（ボーイズラブ）的な作品を愛好する女性のことです。男性同士の友情などが扱われたオリジナルの作品を書いたり読んだり見たりするほか、男性同士の友情などが扱われた作品からそれを同性愛的に再解釈したファンフィクションなどを作る女性も腐女子と呼ばれています。英語圏では「スラッシャー」(slasher) と呼ばれる人々がおり、「腐女子」と似た使い方をされています。「腐女子」という呼び方はちょっと自虐がすぎるし、またこの言葉は自虐で差別のつもりはないにせよ、まるで男性同性愛が「腐っている」、つまり同性愛差別だと誤解される可能性もあるので、私は個人的には「スラッシャー」という言葉のほうが好きです。最近は私と同じような感覚で「腐女子」という自称を避けたい人も増えてきているようなのですが、とはいえ「スラッシャー」みたいな言い方はＢＬ文化の外にいる人にはまだほぼまったく馴染みのない言葉ではあります。

ＢＬが好きな読者はある意味できわめて生産的な読解技術を持っており、本来まったく性描写などがない作品でも、男性同士の関係性からエロティシズムを読みこむことができると言われています。こうした読解技術を身につけていない人にはなんらセクシーに感じられない関係性であっても、ＢＬ好きはそこからセクシーさを見出すことができるのです。

『嵐が丘』におけるキャシーとヒースクリフの関係は、ＢＬ好きがセクシーだと思うような男性同士の関係に似ています。キャシーとヒースクリフの間に性的な描写はありません。しかし小説の前半、台所でキャシーがヒースクリフへの思いをネリーに告白する場面からわかるように、キャシーとヒースクリフの心は分かちがたく結ばれています。さらにキャシーとヒースクリフは実はどちらも「女性」的な性質を賦与された人物、等しく男性的社会秩序から逸脱した者として描かれています。

フェミニスト批評の金字塔と言われるサンドラ・ギルバートとスーザン・グーバーの『屋根裏の狂女——ブロンテと共に』は、ヒースクリフがさまざまな表現により「『女性的な』不合理な自然」（訳書二三四頁）を象徴するものとして描き出されていると指摘します。女であるキャシーと、男でありながら男性的世界から締め出されているヒースクリフの間では、階級間はともかく男女間の差が象徴的な意味で打ち消される傾向があり、ふたりはある意味で対等なバディ、相棒です。互角にやり合う相棒同士、セックスが表に出てこない深い精神的結びつき。ＢＬファンの大好物ですね。セクシーです。

これは単なる仮説にすぎない私論ですが、ＢＬ好きとしての読解技術を身につけているかいないかで『嵐が丘』から読み取れるセクシーさが違ってくるのかもしれません。性描写のない小説から性的な含意を読み取るのは文芸批評の得意分野で、とくに一見まったく同性愛を扱っているとは思えない小説から隠れた同性愛の要素を丹念に拾うことで鮮やかな読みの地平を開くような研究はたくさんあります。

一方で、こうした批評テクニックには向き不向きがあることも確かだと思います。『嵐が丘』は異性愛についての小説ですが、こういう読解技術がある人は同性間の関係を扱った小説を読むような心構えで読んだほうがいいのかもしれません。『嵐が丘』をとてもセクシーな小説として読めるのですから、自分がBL的な読解技術の持ち主でとてもよかったと思います。もし読者の中にBL好きの方がいらっしゃれば、ぜひ『嵐が丘』を読んでみてください。

檻に入っているのは、犬じゃなくて私――ヴァージニア・ウルフ『フラッシュ』

ヴァージニア・ウルフは猫派か、犬派か

第一部最初のエッセイに登場したヴァージニア・ウルフは、初めて稼いだお金でかわいいペルシャ猫を買ってしまったそうです。ということは猫派……？　と思いますが、ウルフは犬も大好きでした。ウルフは駆け出しの頃に、家族で飼っていた犬シャグの訃報記事を書いて「ガーディアン」に送っています。原稿料では猫を買い、犬の記事でキャリアのスタートを切ったウルフは筋金入りの動物好きでした。

ウルフが一九三三年に刊行した作品で、このエッセイでとりあげる『フラッシュ――或る伝記』は、犬の伝記です。ヴィクトリア朝の著名な詩人エリザベス・バレット・ブラウニングが飼っていたコッカースパニエル犬フラッシュの一生を綴った小説です。ウルフというと、モダニズム英文学の中でも難解な作風なのですが、一方でユーモアのある作家でもありました。『フラッシュ』と、男から女に変身した架空の人物の伝記である『オーランドー』（一九二八）はウルフの小説の中でもわかりやすく、

笑うところがたくさんある作品です。代表作に比べるとあまり批評の対象になっていないのですが、実はかなりフェミニスト的な作品でもあります。

フラッシュの来歴

ウルフが『フラッシュ』を書こうと思った直接のきっかけは、一九三〇年にヒットしたルドルフ・ベジャーの劇『ウィンポール街のバレット家』の内容に不満を抱いたことです。これは独身時代のエリザベス・バレットと、のちに夫となるやはり著名な詩人ロバート・ブラウニングとの恋を描いた作品ですが、ウルフはあまり気に入りませんでした。また、バイセクシュアルだったウルフは男性のレナード・ウルフと結婚していて夫婦仲は良好でしたが、貴族令嬢で作家だったヴィタ・サックヴィル＝ウェストと不倫関係にありました。ヴィタは一九二六年にピンカーという名前のスパニエルの子犬を恋人のウルフに贈っており、これも『フラッシュ』を書くヒントになったようです。フラッシュは実在する犬で、エリザベス・バレット・ブラウニングはフラッシュに関する詩を残しています。

『フラッシュ』は、まるで歴史上の著名人物の伝記みたいに、フラッシュの血筋に関する大仰な説明から始まります。フラッシュはミットフォード家の飼い犬として生まれ、田舎で育ちましたが、のちにミットフォード嬢の友人でロンドンのウィンポール街に住むエリザベス・バレットにもらわれます。才能豊かで病気がちなエリザベスとフラッシュはとても親しくなりますが、そこへロバート・ブラウニングが現れます。主人の愛情を求婚者にとられたフラッシュはへそを曲げてロバートに嫌がらせをしますが、そんな中、ある日突然フラッシュが身代金目当ての悪党に誘拐されてしまいます（この展開はちょっとビックリするかもしれませんが、今でも人気犬種が誘拐される事件はけっこうあり、私の近所でも一度犬がさらわれたことがありました）。なんとかフラッシュを取り戻したエリザベスは、愛犬を連れてロバートと駆け落ちします。フラッシュはブラウニング夫妻とイタリアに住むようになります。そして年老いたフラッシュにだんだん死が近づきます。

自由と泥棒

この小説のテーマのひとつは、自由です。冒頭で、バレット家にもらわれていく前のまだ若い時のフラッシュの性生活が、伝記らしい誇張を用いて書かれています。この場面はちょっと面白いので、長く引用してみたいと思います。

狩りの角笛が、もっと深い本能を目覚めさせ、記憶をしのぐようなもっと強烈な感情を呼びおこし、恍惚となる狂おしい叫びのうちに、草も木も兎も狐もかき消した。愛の女神が彼の目にそのたいまつの火を燃えあがらせたのだ。彼はヴィーナスの女神の狩りの角笛を聞いた。フラッシュは、まだ仔犬らしさがすっかり抜けきらぬうちに、父親となったのである。

一八四二年頃には、男性でさえこのように振舞えば、伝記作者からなんらかの弁解を必要としたであろう。女性であったら、どのような弁解も甲斐なく、その名前は不名誉のうちにページから抹殺されたにちがいない。しかし、犬の道徳律は、よくもわるくも、人間の道徳律とは確かに異なっている。だからこの点でのフラッシュの振舞いには、現在ヴェールで隠す必要のあるものはぜんぜんないし、当時の国内で、いちばん純潔で貞淑な御婦人方と同席するのが不適当となるようなものも何もなかった。（ヴァージニア・ウルフ『フラッシュ』、訳書一九―二一頁）

最初の段落は、要は「若いフラッシュが周りが見えなくなるくらい興奮し、雌犬と交尾した」という単純なことを、華麗な表現で遠回しに説明しています。交尾とかセックスとかいうような言葉はまったく使われておらず、具体的にフラッシュがやらかしたことがわかるのは一行、「父親となった」というさらっとした説明だけです。一方で次の段落は、フラッシュの奔放な性行動についてのくどくどした弁明が続いています。ここで気をつけねばならないのは、この記述をしている「伝記作者」は著者自身とは少し離れており、ウルフが作った「伝記作者」というキャラクターだということです。この手の小説を読む時に大事なのは、著者と作品内の語りの声を区別することです。この伝記作者は記述対象の行動について、重要だから書かなければならないが、あまり細かいことに立ち入るといやらしいとか批判されるかもしれないことについては予防線を張っている、というわけです。ウルフはそういうかにもな伝記作家を演じているのです。この箇所の遠回しな表現と弁明のギャップは、笑うところです。

しかしながらこの箇所は、単に仰々しさによって面白おかしさを醸し出しているだけではありません。この「伝記作者」はヴィクトリア朝を引きずった用心深い態度でフラッシュに責められるべきところがないことを指摘しています。一方、もうちょっとメタな視点で見てみると、人間は動物の性行動をわりとあるがままに受け入れているのに、人間の性行動についてはお堅い態度をとり、さらに男性には若干甘く、女性には異常に厳しいダブルスタンダードをとっていることをこの箇所はそれとなく茶化しているように見えます。

そして、この動物の性行動には寛大なのに人間の女性の性行動には厳しい社会というモチーフは、後半のエリザベスとロバートの駆け落ちにつながります。田舎を走り回って自由にセックスや生殖をする犬とは大違いで、エリザベスはヴィクトリア朝の社会規範に沿って行動の自由を制限されており、恋人と自由に結ばれることができません。駆け落ちの時にエリザベスと逃げるフラッシュは「圧制者や犬泥棒ども」（訳書一二三頁）から逃げるのだと考えますが、実はこの場面においては、伝統的な価値観からすると、ロバートがエリザベスを親から盗む「泥棒」です。この作品では、泥棒行為なしでは自由に恋愛もセックスも出来ないのが人間社会なのです。

解放者か、抑圧者か

今、ロバート・ブラウニングを「泥棒」と呼びましたが、これは長きにわたり、若い女性が家族、とくに父親の許可なしに結婚するのが困難で、ある意味で女性は男性の保護者の所有物のように扱われていたことが背景にあります。駆け落ちは女性を父親から盗むこと、既婚女性の不倫は夫から女性を盗むことのように見なされていました。そして、この作品のヤマ場のひとつであるフラッシュの誘拐は、一見したところ自由への逃走であるエリザベスの駆け落ちと対置されています。この作品の批評でよく指摘されていることですが、ここで大事なのは、エリザベスを解放してくれたはずのロバートが、実は単純に自由をもたらしてくれる人ではないかもしれない、ということです。

一応、ロバートはエリザベスを狭量な家族や陰気なロンドンから解放してくれた人という位置づけなのですが、常にエリザベスの自由を尊重してくれるわけではありません。結婚前にフラッシュが悪党に誘拐された際、エリザベスはお金を払い、なんとしてでもフラッシュを無事に取り戻そうとします。しかしながらバレット家の男たちは皆、「テロリストの脅迫には屈しない」的な態度でエリザベスに反対し、あろうことかロバートもそれに賛同するのです。この部分の描写には真に迫った語りがあるので、それをちょっと引用してみましょう。

枕にもたれてため息まじりに「わたくしは弱い女、法律のことも正義もわかりません。わたくしに代わって決めてくださいな」と言うことは、なんとやさしいことだったろう。彼女はただ身代金を払うのを断ればよいのだ。（中略）たとえフラッシュが殺されても、恐ろしい小包が届いて、中からフラッシュの首と足が転がり落ちても、自分のそばにはロバート・ブラウニングがいて、自分は正しいことをしたのだ、彼の敬意をかち得たのだ、と確信させてくれるのだ。しかしバレット嬢は脅迫におびえるような女ではなかった。バレット嬢はペンをとり上げ、ロバート・ブラウニングをやりこめた。（訳書一〇六—一〇七頁）

エリザベスがフラッシュを駆け落ちに連れて行くことからもわかるように、エリザベスの自由はフラッシュと一緒にいることを含みます。犬は「人間の親友」（man's best friend、「男性の親友」という意味にもなる）という言葉がありますが、「女の親友」（woman's best friend）でもあるのです。ところが、ロバートはそれを理解していません。ここでのエリザベスの描写は、女性はバカなふりをして男性に従うよう、社会的な圧力を知らず知らずに受けていて、人生における大事な決断についても弱い立場に置かれているということを示すものです。ウルフはこの小説でエリザベスをかなりいろいろな欠点のある人物として描いていますが、ここで内面化された性差別に苦しむエリザベスの描写からは、「家庭の天使」に悩まされたウルフ自身の声が聞こえると言ってよいでしょう。

エリザベスに味方してくれないロバートの描写からは、解放者たるロバートが実は抑圧者にもなり得る可能性が示されています。ロバートは「世界じゅうの夫、父親、兄、横暴な人たち一般、そういう連中みんなのいまわしいやり方」（訳書一〇八頁）には反対すると言っていますが、一方でフラッシュのことについては、エリザベスを抑圧する父親や兄に同調的です。エリザベスはある抑圧の檻から、また別の抑圧の檻へと逃げるということになるのです。この小説の面白さは、このように犬を中心に据えつつ、女性が置かれた状況をユーモアと皮肉と切なさを込めて描き出す切れ味にあります。

『フラッシュ』は、面白おかしく軽い気持ちで読める小品です。一方で、このように自由や抑圧などのテーマを追及したフェミニズム的な小説として掘り下げられそうなところがたくさんあります。ウルフの作品としてはあまり知られていませんが、犬が好きな方はもちろん、そうでない方にも手にとってほしいと思います。

女はなぜ悪い男にばかり引っかかるのか？

——『西の国のプレイボーイ』に見る良い男、悪い男

ワルだとモテるの？

「女性は善良な男なんかに興味ないんだ！」と善良な男性たちは、話を聞いてくれる善良な女性にむかって、ビールをあおりながらわめく。（中略）でも、そういう男性たちをよく知ってみると、じつは、自分で思っているほど善良な人間ではないことが多いのだ。（カレン・ジョイ・ファウラー『ジェイン・オースティンの読書会』、訳書九四頁）

女性はなぜ善良な男性を差し置いてワルばかり好きになるんだ？　というのは、しばしば男性の口から聞こえてくる疑問です。この疑問に対する答えとしては、右に引用した一節が最短にして最適の答え……かと思います。そもそも自分を善良だと思う

時点で若干、うぬぼれのにおいがしますから、悪いとまではいかなくても感じは良くないですね。この疑問は女性には男性を見る判断力がないという偏見に基づいており、場合によってはうぬぼれのせいで自分が人に好かれないことを他人に責任転嫁するものであるとも言えるでしょう。

ワル（男も女も）の魅力は文学における重要なテーマのひとつです。この節では、この「女はなぜ悪い男にばかり引っかかるのか？」という問いをとてもうまく扱った作品、ジョン・ミリントン・シングの戯曲『西の国のプレイボーイ』を取り上げたいと思います。日本ではあまりなじみがないかもしれませんが、一九〇七年にアイルランドのダブリンで初演された戯曲で、英語圏では有名な作品です。

父を殺せばあなたもモテる！

『西の国のプレイボーイ』はアイルランドの西の海沿い、メイヨー州の田舎が舞台です。ヒロインのペギーン・マイクはパブの跡取り娘で、飲んべえで頼りない父マイケル・ジェイムズに代わって店を切り盛りしています。そこへある日、南のほうから、父を鋤でぶん殴って殺して逃げてきたというクリスティ・マホン（タイトルの「プレイボーイ」）が転がり込んできます。

村人たちは警察に届けるどころかクリスティを勇敢だと持ち上げ、ペギーンと近所の寡婦クィンをはじめとする村の女たちはクリスティに夢中になります。ところがクリスティが父を殺したというのはただの勘違いで、実は大けがをしただけで生きていたマホンの親父さんが息子を追って村にやって来ます。これを知った村人たちは幻滅してクリスティをバカにし、恋人になっていたペギーンも愛想を尽かします。焦ったクリスティは勇気のあるところを見せようと再び父を鋤でぶん殴って殺しますが、実際に殺人を目にした村人たちは恐れおののき、クリスティを逮捕しようとします。しかし皆の目の前で死んだはずのマホンの親父はまたもや生きていました（マホンの親父は基本的に不死身です）。村にうんざりしたマホン父子は故郷に帰ってしまいます。クリスティが去った後、第三幕の最後でペギーンは「西の国でたったひとりのプレイボーイがいなくなっちゃった」と嘆きます。

何度殺されても生き返るマホンの親父や、父を殺してモテまくる展開からもわかるようにえらいシュールなダークコメディなので、今はこれを舞台で上演すると爆笑が起こります……が、本作がダブリンのアビー座で初演された時は演劇史上に残る暴動が発生しました。第三幕でクリスティが女性の「下着」（'shifts'）の話をするところで観客が猥褻だと騒ぎはじめたということです。下着程度で大騒動とはずいぶん狭量だと思うかも知れません。しかし当時のアイルランドは英国の植民地でナショナリズムの気運が高まっており、全体としてこの戯曲は当時としてはセックスや政治に関して観客の神経を逆なでするような表現を相当含んでいました。愛国心の拠り所として理想化されがちなアイルランドの田舎を容赦なく諷刺したこの作品は、お客をイラつかせたのです。

なんで当たり前のように私と結婚できると思ってんの！

ヒロインのペギーンはパブの跡取り娘で財産が入る見込みがあり、機転も利く美人です。頼りない義父がもれなくついてくるという欠点はありますが、小さな村ではいかにもモテる条件を備えています。そんなペギーンにベタぼれなのが、親戚にあたるショーンです。ショーンは村人の中では比較的分別があり、敬虔なカトリックです。クリスティを危険人物として警戒し、ペギーンのことも心配しているのですが、一方のペギーンは、ショーンなど眼中になく、クリスティに夢中です。

これだけ見るとペギーンは「善良な男性を差し置いてワルばかり好きになる」バカな女性のステレオタイプそのままに見えるのですが、このお芝居はひと味違います。ペギーンは最初からペギーンは自分と結婚するものだと決めてかかっています。ペギーンはまったくショーンを好いておらず、第一幕で「私がホントにあんたと結婚すると思ってるとはずいぶんな自信だね」と聞きますが、ショーンはどこ吹く風です。ショーンはマイケル・ジェイムズに気に入られており、適齢期の男性で財産もあるというだけの理由で、自分は当然、ペギーンと結婚できるものだと思い込んでいるのです。これは最初の引用で挙げた「じつは、自分で思っているほど善良な人間ではない」男性の典型例ですね。自信のなさそうなショーンには、うぬぼれが潜んでいるのです。

さらにショーンには権威主義的なところがあります。第一幕の冒頭から、ショーンは教会のライリー神父の顔色ばかり気にしており、ペギーンに「ライリー神父の話ばっかり、うんざりするからやめて」と言われています。この頃のアイルランドではカトリック教会が大きな権力を持っており、ショーンは基本的に教会の家父長的な権威に従います。強いものに弱く、女性の気持ちを尊重しないということで、見ているお客さんはペギーンがこんな男に惹かれないのは当たり前だと思うようになります。大人しくて人が良さそうなショーンですが、実際は男性中心的、権威主義的な世界観に毒されているのですね。

こんな村にはいたくない！

ペギーンがクリスティに夢中になってしまうのには、大きな理由があります。この戯曲におけるメイヨー州の村はどんよりした田舎として描かれており、村人はやる気がなく酒ばかり飲んでいます。そんな中で珍しくペギーンは活動的で、てきぱきと店を経営し、気の利いた悪口やからかいをポンポン言う生き生きとした若者です。そんなペギーンにとってはこの村はつまらない場所なのですが、父を養い、パブを継がないといけないペギーンにはたいした人生の選択肢はありません。村の外に出て冒険をすることは許されていないのです。

そこに突然現れたのがよそ者クリスティです。アイルランドの南から来たというだけですが、おそらく村からあまり出たことのないペギーンの目にはエキゾティックに映ります。しかも父殺し、つまり権威に対して暴力で反抗した武勇伝の持ち主です。暴力がしばしば伝統的な「男らしさ」に結びつけられていること、さらにペギーン自身が父の面倒を見なければいけない立場にあることを考えると、クリスティは極めて男らしく、自分には許されていない自由と反抗の精神に溢れた青年に見えます。

そんなペギーンはクリスティに愛を告白する際、外の世界への憧れをこのように語ります。

私ね、ただの小娘だけど、自分で航海に出て黄金を十樽も持ったユダヤ人の男に出会って結婚したいなんてことをよく考えてたの。(第三幕二九九―三〇〇行)

この台詞からは、ペギーンが海の彼方の世界を想像し、村人たちとは違うエキゾティックな男性との恋や富、冒険を夢見ていたことがわかります。ペギーンにとっては、クリスティは決まり切った淀んだ人生に抜け道を与えてくれる希望なのです。

この戯曲にはもうひとり、村になじめない気概に富んだ女性がいます。それがペギーンの恋敵で前夫殺害疑惑のある寡婦クィンです。第一幕の描写によると、クィンはペギーンより少し年上で美人なのですが、不仲だったらしい夫を殴り、その傷が原因の感染で夫が死んでしまったため、村では煙たがられています。父を殺したクリスティが褒めそやされる一方、夫殺しのクィンが嫌われているというのは男女の立場の非対称を示すもので、クィンはどうやら世間から女らしくない振る舞いをしたと見なされているようです。

クィンは第一幕で「神様は私がひとりで生きられるようにお作りくださった」と豪語する気丈な女性で、ちょっとした財産もあり、とてもしっかりしています。しかしながらクィンもペギーン同様、因襲的な村に飽き足らず外の世界に憧れており、クリスティにこんな話をします。

縦帆の船や釣船、トロール船が海をゆくのを見て、毛深いいい男が向こうを航海しているんだろうなぁと思ったり、私は長いことひとりで暮らすんだなぁと思ったり……（第二幕五三七―五三九行）

海の向こうにいるエキゾティックな男たちを夢想しながら田舎でひとりくすぶる自分の身の上を嘆くという点で、クィンはペギーンにそっくりの願望を抱いています。おそらく最初の結婚が相当に不幸で、子どもにも先立たれたというクィンにとっては、クリスティは自分同様、抑圧に対して暴力で戦った同類であり、しかも遠い土地から来た魅力的な男に見えるのでしょう。クィンがクリスティに惚れるのも無理はありません。

ペギーンとクィンはこの古風な村でただふたり、外の世界に対する憧れや夢を持っている人物ですが、お互いにいい印象を抱いておらず、とくにペギーンはクィンをひどく嫌っています。クリスティは両者にとって唯一の希望であり、ある種の稀少な資源のような存在です。ふたりは貧しい村でこの稀少資源を巡って争うライバルです。本来は似た者同士である夢を持った女同士が、互いに争うほかなくなる状況を、この戯曲は皮肉と哀愁をこめて描写しています。

しかしながら、エキゾティックで反逆的な男の中の男であるはずだったクリスティは父を殺していなかったことがわかり、男らしさの魅力は崩壊していきます。さらに、話を聞くかぎりでは威勢が良く楽しかった暴力も、実際に目の前で起こると決して美しいものではなく、陰惨で残虐なだけのものであることをペギーンを含めた村人たちは知ります。

この戯曲の末尾では、暴力を男らしくロマンティックなものとしてとらえる傾向が辛辣に諷刺されています。ナショナリズムの時代のアイルランドの事情は二一世紀とずいぶん違いますが、この芝居は活きのいい話が幅をきかせるポピュリズムの時代にも通じるテーマを扱っていると言えるでしょう。『西の国のプレイボーイ』は二〇世紀初めのアイルランドの政治的状況を反映しつつ、伝統的な男らしさ、因襲的な田舎の村にくすぶる女性の不満、暴力の理想化などをシュールな笑いで諷刺した作品なのです。

コラム　初任給とヴァージニア・ウルフ

初めての原稿料で猫を買ってしまったというヴァージニア・ウルフですが、実はこのへんが、ウルフが批判される原因のひとつでもあります。文人レスリー・スティーヴンの娘だったウルフは、二〇世紀初めのイギリス女性としてはずば抜けて教養があり、ブルームズベリ・グループというエリートサークルの中心人物でした。富裕なミドルクラスの娘で、さらにおそらく頭が良すぎたこともあり、今読むとけっこう鼻につくようなことも書いています。ブルームズベリ・グループにはウルフの家族のほか、経済学者のジョン・メイナード・ケインズとか、伝記作家のリットン・ストレイチーとか、錚々たる面々が加わっていましたが、この人たちは皆異常に知的で、逸話などを見ていると、周りが全員バカに見えていたんじゃないかと思うことがあります。たとえば一九一〇年に、ウルフは友人たちとエチオピア（旧称アビシニア）の王族のふりをしてイギリス海軍の軍艦に乗り込むイタズラを行っており、これは王族詐称事件として有名です。ウルフやその周りの人たちは、こういう手の込んだ悪ふざけを考えて実行できるくらい余裕があって、頭も切れる人たち

偽エチオピア皇帝事件の際の写真。左がウルフ

犬を抱いたヴィタ・サックヴィル＝ウェスト

でした。ウルフが初めてもらった原稿料で猫を買えたのは、すぐに生活に困るようなことがなく、ある意味で特権階級だったからでしょう。私はウルフのそういうところも好きですが、イヤだなと思う人がいるのはわかります。

私はイギリス留学とその後のいろいろな手続きでそれまでの貯金を全部使い果たしてしまっていたので、大学の専任講師になった時の初任給はほぼ全部、家賃とか新生活の費用に消えました。博士課程での留学は幸い、吉田育英会から給付奨学金をもらって行くことができたのですが（これがなければ留学はできなかったと思います）、それでも非常にお金がかかって、学生時代から留学に備えてバイトで貯めていた貯金は全部なくなっていました。留学から帰ってきてから、大学の仕事が決まって正式にイギリスの大学院を卒業するまでの一年間は非常勤講師と書店の契約社員をしていたのですが、この間はかつかつでした。また、大学の専任講師になってからすぐ、学生時代に猶予手続きをしていた年金の追納をしたので、最初にもらった給料の一部はそれにもなりました。ウルフに比べると、全然面白くない勤労者っぽい使い道です。

2 男らしさについて考えてみよう

キモくて金のないおっさんの文学論
――『二十日鼠と人間』と『ワーニャ伯父さん』

キモくて金のないおっさんとは?

二〇一五年くらいからウェブ上で流行っている「キモくて金のないおっさん」という言葉があります。これは社会的弱者ではあるものの権利運動とか救済の対象として想定されていない男性を指す俗語で、よく「キモくて金のないおっさんは無視されている」「キモくて金のないおっさんを救済せよ」というような文脈で使われます。

このおっさんたちはどうやら非常に社会的、経済的に苦しい立場に置かれている一方、マイノリティとして目に付きづらいため女性や少数民族、セクシュアルマイノリティ、障害者などに比べると自己主張しづらいそうです。「キモくて金のないおっさん」については、こうした不可視化、つまり存在が認識されていないことが問題だと考えている人が多いようです。

しかしながら、私の見るところ、文学史上にはあまたのキモくて金のないおっさんが登場します。そこで、私が個人的にキモくて金のないおっさん文学の名作だと思っている、ジョン・スタインベックの『二十日鼠と人間』と、アントン・チェーホフの『ワーニャ伯父さん』をとりあげ、古典がどのようにおっさんを掘り下げているのか見ていきたいと思います。

分析するからにはまず「キモくて金のないおっさん」とはどういう人かイメージせねばなりません。困ったことに、この言葉は大変曖昧です。金がないのはまあわかります。「おっさん」というからには自分のことを男性だと考えていて、どんなに若くても三〇過ぎでしょう。「おっさん」という言葉自体にネガティヴな雰囲気があって本当はあまり使わないほうがいいのかもしれませんが、決まった言い方で流布しているものを言い換えるわけにもいかないので、この文章では「おっさん」という語を使用します。

問題なのは「キモい」の定義です。「キモい」というのは、容姿や印象が悪いというような表面的なことから、人格面で高潔さや思いやりが皆無だというような破壊的なことまで、さまざまな意味で用いられているようです。青柳美帆子は湯山玲子などを引きながら、この言葉を「出世しておらず、カネがなく、女がなく、競争に勝てなかった中年（以上の）男性」と定義しています。女に好かれない、連れ添う女がいないというのはこの種の議論によく出てくる「キモさ」で、どうも異性愛者男性を想定しているようです。まとめると、キモくて金のないおっさんとは、異性愛者で、仕事も私生活もうまくいかず、金銭的に問題を抱えた中年以上の男性を指すようです。

実は、近現代文学はこのようなおっさんの宝庫です。お金もなく、女にモテず、不幸で若くもない男の絶望に対しては、一九世紀からこのかた、欧米の優れた男性作家が関心を寄せてきました。イギリスやアイルランドの演劇には、この手のおっさんが山ほど出てきます。サミュエル・ベケットの『ゴドーを待ちながら』(一九五三年初演)に登場するキモくて金のないおっさん、ウラディミールとエストラゴンの役には多数の名優が挑戦してきましたし、最近ではアイルランド系イギリス人の劇作家マーティン・マクドナーがこうしたおっさん劇を得意としています。少なくとも文学史上においては、キモくて金のないおっさんは無視されるどころか主役なのです。

女とおっさんが弱者同士足を引っ張り合う『二十日鼠と人間』

こうしたキモくて金のないおっさん文学の中でも、もっとも現代に通じそうなのがアメリカ文学の古典、ジョン・スタインベックの『二十日鼠と人間』(一九三七)です。大恐慌のあおりで貧困に苦しむカリフォルニア州の労働者を描いた中編小説です。

主要登場人物のほとんどはキモくて金のないおっさんで、さらにそれぞれ異なる個性的なキモさ、つまり不幸の要因を抱えています。

主人公のジョージとレニーは農場を渡り歩く季節労働者です。ジョージは賢い小男、レニーは力強く心優しい大男ですが、知的障害があります。ふたりは親友で、ジョージはレニーを守り、常に一緒に行動しています。レニーはふわふわした可愛いものが大好きで、動物でも布地でもそうしたものを見かけると何でも触って強くつかんでしまうため、悪気なく女性の服に触って変質者扱いされたり、動物を殺してしまったり、しょっちゅうトラブルを巻き起こします。どちらもあまり年齢がはっきりしておらず、おっさんというにはやや若いかもしれないのですが、三〇歳は過ぎているように思われます。一般的な意味ではこのふたりはキモくないというか、読者の共感を誘うキャラなのですが、貧困のせいでとにかく不幸です。

農場で働く他の男たちもほとんどはキモくて金のないおっさんです。キャンディはかなりの年で、仕事中の事故で手を失い、障害を抱えています。馬丁のクルックスは背中が曲がっており、アフリカ系であるため他の労働者と同じ家に住まわせてもらえません。このふたりも一般的な意味でキモい人ではありませんが、貧しくぱっとしない独身男です。

おっさんたちはそれぞれ異なる要因で社会から疎外されているため、なかなか連帯できません。レニーは知的障害、ジョージはレニーとの絆、キャンディは老いと身体障害、クルックスは人種と身体障害のせいで不当な差別にさらされ、不安な暮らしを強いられています。非常に人望があり、キモくて金のないおっさんではないラバ追い名人スリムは、季節労働者は仲間を連れずひとりで移動するのがふつうだと指摘してジョージとレニーの友情を不思議がります。おっさんたちはふだん、分断されてバラバラに生きているのです。

このおっさんたちを結びつけるのが、おっさんだけで自由に安心して暮らせる共同体を作るという夢です。ジョージとレニーは型破りで同性同士の強い友愛で結ばれた二人組ですが、お金をためて農場を買い、そこに落ち着くという夢を持っています。これを知ったキャンディは自分がお金を出すのでその農場に入れてほしいと頼みます。この話には、いつもは超然としているクルックスまで心を動かされます。分断されていたおっさんたちが、夢によって一瞬、連帯しかけるのです。最後はこの夢が儚く潰えるのですが、この作品が提示するキモくて金がないおっさんたちの救済策は、自分を好いてくれる女ではなく、気の合う同性同士でのどかに暮らせる安全な場所の確保です。

この作品が現代的であるポイントのひとつは、弱者であるおっさんたちが、また別の弱者である女を敵に仕立て上げてしまうところです。おっさんたちは金がなさすぎて結婚や恋愛のことはほとんど考えておらず、売春宿で気晴らしすることはあるようですが、それが解決にならないことは知っています。おっさんたちは異性愛が幸せをもたらしてくれるとはまったく考えず、むしろ女がトラブルを運んでくることを恐れています。

それを象徴するのが、男たちがボスの息子であるカーリーの新妻に向ける視線です。カーリーの若く美しい妻は、新婚の夫が自分を思いやってくれないことに腹を立てています。不満をつのらせたカーリーの妻は男たちに話しかけて気晴らしをしようとしますが、男たちは自分たちに色目を使うふしだらでイヤな女だとして避けようとします。一見、美貌で結婚を勝ち取った「強者」に見えるカーリーの妻ですが、実のところ貧しく抑圧的な田舎で育ち、女であるため教育も受けられなければ自活できる仕事にも就けず、肉体を武器に結婚する以外に男社会で生きる道がない弱者です。夫からも対等な人間として尊重されておらず、とても不幸です。しかしながら同じく弱者であるはずのおっさんたちは、自分をこき使う金持ちの男たちではなく、カーリーの妻を敵視するのです。現在の弱者男性に関する論議では、時として「勝ち組」とされる、結婚や仕事でなんとか生き抜いた女たちがひどく敵視されることがありますが、この弱者同士の争いを予見しているかのような展開です。

小説ではこのあたりの描写はやや薄っぺらく、カーリーの妻は不愉快な女に見えます。しかしながら二〇一四年にこの小説の戯曲版（もともと小説が演劇的な構成で、スタインベック本人により戯曲化されました）が再演された際、カーリーの妻役を演じたレイトン・ミースターは史料調査にもとづくフェミニスト的な読みをまじえて、社会の犠牲者である女性として役作りを行いました。作者のスタインベックは初演の際、カーリーの妻は常に男性から性欲の対象として扱われてきたにもかかわらず、結婚まで処女でいなければならないという抑圧も受けてきており、この矛盾ゆえに意義ある人間関係を築けなくなっている女性として演じてほしいという手紙を書いており、ミースターはこの手紙を研究したのです。ミースターが出演したプロダクションはジェームズ・フランコとクリス・オダウド主演でナショナル・シアター・ライヴにより日本でも映像が上映されたので、ご覧になった方もいるかもしれません。観客にも男性中心的な偏見が染みついているため、ミースターの役作りが完全に理解されたわけではなかったようですが、少なくとも私が見た限りでは新解釈が芝居に奥行きを与えているように思えました。このように再解釈によって刷新することが可能なのも、古典の魅力のひとつです。

『二十日鼠と人間』は悲劇的な結末を迎えます。おっさんたちが見た夢は、異性愛からはみ出た人間同士の多様な関係を認めず、障害や貧困、異人種などを迫害する抑圧的な社会によって打ち砕かれます。幸せが訪れることはありませんでしたが、この作品はキモくて金のないおっさんを苦しめる社会に対して強い批判を投げかけていると言っていいでしょう。

全員、人生が詰んでいる『ワーニャ伯父さん』

アントン・チェーホフの戯曲の特徴は、登場人物ほぼ全員の人生が詰んでいるということです。チェーホフの作品にはキモくて金のないおっさんがたくさん登場するのですが、おっさんどころか才能ある若者とか、大変な美女とか、「勝ち組」扱いされそうな連中もめちゃくちゃ不幸です。そこを突き放しつつ、哀愁をまじえてリアルに描き出すのがチェーホフです。

『ワーニャ伯父さん』（一八九九年初演）の主人公ワーニャは、『二十日鼠と人間』のジョージやレニーに比べればだいぶ恵まれています。一応健康で、明日の食べものにも困るほどの金欠ではありません。住まいも家族もあり、しっかり者の姪ソーニャがいろいろ助けてくれます。
しかしながらワーニャはたいへん不幸です。ワーニャは亡き妹の夫セレブリャコフ教授の学識を尊敬し、妹の残した屋敷を管理して、その収益を都会で暮らす教授に送金していました。ところが四七歳になったワーニャは、自分が独身で手もとにはあまり財産もないことに気づき、実はたいした才人というわけでもない教授に搾取されてきただけだと思うようになります。ワーニャは教授の妻で二七歳の美女エレーナに言い寄ろうとしますが、うまくいきません。

この作品の残酷さは、観客がワーニャをいくら可哀想と思っても、彼のキモさ、つまり感じの悪さや性格の欠点にも気付かざるを得ないようになっているところです。娘のソーニャを田舎にほったらかして自分は収入を吸い上げ、ろくに感謝もしない教授にいいようにされてきたワーニャは気の毒ですが、この作品に登場する他の人々に比べてとくに人格が優れているわけではなく、どちらかというと気難しくてあまり人好きのしない男です。ワーニャが初めて会った時にエレーナに求婚していれば……と妄想して独白するところは、彼がいわゆるキモいおっさんであることを残酷なまでに明らかにしています。

あのとき彼女は十七で、ぼくは三十七だった。どうしてあのとき恋してプロポーズしなかったんだろう。やろうと思えばできたじゃないか。そうしていれば、あの人は今ではぼくの妻だ……。そう……。さだめし今ごろは、二人して嵐に目を覚ましていることだろう。彼女は雷鳴におびえている。ぼくは彼女を抱き寄せて、ささやきかける。「さあ、心配はおよし、ぼくがいるからね」。ああ、考えるだけでうっとりするなあ。思わず笑みまでこぼれてくるじゃないか……。（第二幕）

ここでワーニャは「若い時に求婚しても断られたかもしれない」という、観客ならば当然思いつく可能性をまったく考えずに妄想に浸っています。ワーニャは教授に比べると学識はないし、森林保護活動家でやはりエレーナに恋している医師アーストロフのように情熱的な理想を持っているわけでもなく、知的な男が好みらしいエレーナの気を惹けそうなところはありません。ワーニャはあまり自分に魅力がないことはわかっているのに、ついついエレーナと結婚できたかもとか思ってしまうのです。

この戯曲のポイントは、ワーニャのキモさが平凡な人間であれば誰でも持ち合わせているような要素で、観客に「ワーニャはキモいけど、つらい時は自分も含めて誰でもああいうキモいことを考えるよな」という自省に導く作用があるところです。ワーニャは『二十日鼠と人間』に登場する男たちに比べると、かなり文字通りキモいおっさんですが、それでも観客はワーニャが自分たちに近いと考えます。ワーニャは結局、財産のことで大騒ぎし、教授に発砲する暴力沙汰を起こし、モルヒネを盗んで自殺を考えるが挫折するという結末を迎えます。この結末はワーニャ自身のあまり感じが良いとは言えない性格を示すものである一方、観客の親近感を誘うものでもあります。

この作品のもうひとつのポイントとして、キモくて金のないおっさんは不幸だが、若いのにキモい女も実に不幸だ、ということが示唆されているという点があります。ワーニャの姪ソーニャは親切で感じも良く、普通の意味でキモい人ではありませんが、不美人でそれを自覚しています。第三幕では美女エレーナの前で、不細工な自分に対して他人は皆気を遣うのだと告白までします。そんなソーニャですが、自殺騒ぎを起こして死ぬことすらできなかったワーニャに対して、第四幕で「ひょっとすると、あたし、伯父さんよりずっと不幸かもしれない。でも、あたし、自棄なんかおこさないわ」となだめます。ワーニャはまだ男として不幸を騒ぐことが許されているのですが、ソーニャは周りから女として家を守り、他人を助けることを期待されていて、その役割を覚悟して引き受けています。

このソーニャの台詞は、人生のつらさ比べをしてもあまり意味はないのだ、という諦念をも示唆するものです。この作品では、ワーニャやソーニャはもちろん、美女エレーナだろうと、色男アーストロフだろうと、全員等しく人生がどん詰まりです。エレーナは不幸な結婚生活を続けますし、アーストロフは失恋して酒浸りです。美しかろうが不細工だろうが、若かろうが年だろうが、さまざまな理由で人生はつらいし、笑っちゃうくらい不幸だというのがチェーホフ劇なのです。

『二十日鼠と人間』も『ワーニャ伯父さん』もキモくて金のないおっさんについての物語ですが、方向性はだいぶ違っています。『二十日鼠と人間』ではおっさん同士の女性を介さない連帯の可能性が語られますが、その夢は容赦なく社会につぶされます。『ワーニャ伯父さん』ではまったく解決が提示されていません。一方で弱者男性が女を敵視する『二十日鼠と人間』に対して、『ワーニャ伯父さん』ではキモいおっさんと同じくらいつらい女や色男も登場します。結末や表現は違いますが、こうした名作が時代の壁を越えてキモくて金のないおっさんに声を与えてきたことは確かだと思います。皆さんもぜひ、いろいろな本をひもといて、過去の作家たちがいかにキモくて金のないおっさんたちのことを真剣に考えていたか、知ってほしいと思います。

アメ車、男たちの絆、この惑星最後の美しき自由な魂
——『バニシング・ポイント』

アメリカン・ニューシネマの傑作

　チャレンジャーはサツの車に追われながら進んでいく。悪徳交通警察隊が、我らが孤独なドライバーの後をつけてくる。最後のアメリカンヒーロー、電気のケンタウルス、半神、黄金の西部を行くスーパードライバーだ。いやらしい二台のナチの車が美しい孤独なドライバーに迫る。ソウルモビールに乗った我らがソウルヒーローにサツどもがどんどん、どんどん、どんどん近づく。そうさ、ベイビー！　ヤツらは打ちかかる。ヤツらはつかまえる。ヤツらはこの惑星最後の美しき自由な魂をとっ捕まえ、ブチ壊し、レイプするんだ。（『バニシング・ポイント』よりスーパー・ソウルの台詞）

これは一九七一年のリチャード・サラフィアン監督による映画『バニシング・ポイント』の中で、盲目のアフリカ系ＤＪ、スーパー・ソウル（クリーヴォン・リトル）が主人公コワルスキー（バリー・ニューマン）を描写する台詞です。主人公は白の一九七〇年型ダッジ・チャレンジャーに乗っていますが、これは強くてスタイリッシュなアメ車の代表的な存在です。「この惑星最後の美しき自由な魂」コワルスキーはこの車でひたすら警察から逃げています。警察は大量の人員を投入してしつこく追うのですが、コワルスキーがどんな重罪を犯したかというと……スピード違反や停止違反です。そんなことにやっきになる警察がスーパー・ソウルにバカにされるのも当たり前ですね。この節ではこの映画を取り上げ、まえがきで触れたクィア批評を用いて分析していきたいと思います。

コワルスキーはコロラド州デンバーからサンフランシスコまでダッジ・チャレンジャーを運転して配送する仕事で、友人と翌日午後三時までに目的地に着けるか賭けをします。結果、スピード違反で警察に目を付けられますが、振り切ることに成功。面目丸つぶれの警察は州をまたいで連携し、執念深くコワルスキーを追います。警察無線の傍受で事件を知った人気ＤＪスーパー・ソウルはラジオでコワルスキーの反抗心溢れる逃走を称賛します。リスナーの間で有名になったコワルスキーは、行く先々で人に助けてもらいつつカリフォルニアをめざします。警察はブルドーザーを道路に据えてブロックしようとしますが、コワルスキーは野次馬が見守る中、二台のブルドーザーの隙間に突っ込み、車は炎上します。

『バニシング・ポイント』は、一九六〇年代末から一九七〇年代にかけての反体制的な若者文化をやや暗いタッチで描くアメリカン・ニューシネマと呼ばれる潮流の中に位置づけられる作品です。カーアクションの古典である一方、哲学的な作品でもあります。コワルスキーが警察という権威を拒み、死が訪れるとしても自分の進路を自由意志で決めようとするという結末は、人生における自由な選択とは何かという問いを追求するものです。

この映画は後世に大きな影響を与えており、スコットランドのロックバンド、プライマル・スクリームはその名もずばり『バニシング・ポイント』(一九九七)というアルバムを作っていて、「コワルスキー」という曲も収録されています。クエンティン・タランティーノの『デス・プルーフ in グラインドハウス』(二〇〇七)にも『バニシング・ポイント』へのオマージュがあります。単純なプロットなのにまったく飽きさせず、アメリカの風景をとらえた映像も綺麗で、今見ても古くなっていない映画だと思います。

一方、BL的には……

『バニシング・ポイント』は、実はBLっぽい映画です。それはコワルスキーとスーパー・ソウルの間に男同士の強い精神的な絆が生まれるからです。スラッシャー（腐女子）の大好物ですね。まるでBLです。

このふたりは一度も会ったことがなく、スーパー・ソウルはラジオを通してコワルスキーに話しかけることができますが、コワルスキーには返答する手段がありません。突然ラジオで自分の話を始めるスーパー・ソウルに対してコワルスキーは最初嫌そうな反応を示すものの、同僚から呆れられるほどコワルスキーのことばかり考えているスーパー・ソウルの熱意にほだされたのか、だんだん同志的な連帯を感じるようになります。終盤では、ラジオでスーパー・ソウルが警察の警戒網に注意を促すのに対して車内のコワルスキーがひとりごとで返事をし、まるでテレパシーのように奇跡的に会話が成立してしまう場面があります。ふたりは遠く離れていて、会ったことがないのになぜか同じ自由への欲求により通じ合ってしまうのです。

この後、ラジオ局が人種差別主義者の襲撃に遭い、ボコボコにされたスーパー・ソウルはコワルスキーを罠にかけるためのニセの情報を無理矢理放送させられます。ところがスーパー・ソウルの声を聞いたコワルスキーは何かおかしいと思い、罠を感知します。この時にコワルスキーを助けてくれたバイカーのエンジェルは「ヤツが君を売ったんだ」とスーパー・ソウルを疑っているようですが、コワルスキーはこれに何も答えず、スーパー・ソウルがひどいめにあって嘘の放送を強要されていることをなんとなく察知しているような描き方になっています。声の調子だけでスーパー・ソウルの心の動きがわかるコワルスキー、口には出しませんがよっぽど元気づけられていたのですね。

コワルスキーはヒーローですが、無敵のマッチョな男性ではなく、傷つきやすさをたっぷり持っています。コワルスキーには死別してしまったヴェラという最愛の女性がいたことがフラッシュバックで描かれており、内心ではこの打撃からまだ完全に立ち直れていないように見えます。コワルスキーの傷つきやすさが最も顕著に表れるのが、この映画における性暴力の描き方です。コワルスキーはヴェトナム戦争に従軍し、カーレースやバイクレースの選手としてケガをするなど、さまざまな傷を負ってきました。その中で大きな痛手として描かれているのが、警官時代のコワルスキーが、権力をかさに若い女性をレイプしようとした同僚を制止したせいで、警察を辞めさせられたというエピソードです。

冒頭の引用からわかるように、スーパー・ソウルはコワルスキーを強姦の危機にある美しい存在、悪漢に追われて理不尽な暴力を受けるお姫様のように表現します。この映画においては男性の性暴力と警察の権力乱用が重ねられ、コワルスキーは自身が救った女性同様、警察の性的ともいえる暴力にさらされる存在になります。象徴的な性暴力の被害者として描かれるコワルスキーは、伝統的な男らしさとは微妙にズレた人物であると言っていいでしょう。まえがきでちょっと触れたように、伝統的に「正常」とされるセクシュアリティから逸脱していることを「クィア」と言いますが、コワルスキーはこの点、いくぶんクィアと見なしうる人物かもしれません。

ホモソーシャルとホモフォビア

自由意志、そしてBL的な観点からみて非常に面白い『バニシング・ポイント』ですが、作品の中に見受けられる同性愛嫌悪（ホモフォビア）の問題が立ちはだかります。

これだけ男同士の絆を強調し、伝統的な男らしさからズレた主人公を描いているにもかかわらず、この映画には非常にステレオタイプなゲイが登場します。コワルスキーが途中で出会う二人組のヒッチハイカーなのですが、テカテカした服に派手なメガネをかけ、わざとらしい話し方をするなよなよした男たちで、コワルスキーに銃をつきつけて強盗行為を働こうとします。コワルスキーが象徴的な意味で性暴力にさらされていることはすでに指摘しましたが、このゲイたちは表情からしてなにか嫌らしいことを考えているようにも見えます。せっかく親切にした相手から性的なものも含めた暴力をふるわれそうになったコワルスキーが怒ってふたりをボコボコにしても、お客はまったくかわいそうだとは思わず、当然の自衛だと思うだけです。今の感覚ではゲイをこんなに薄っぺらく極悪な性的脅威として扱うのは差別的すぎてちょっとあり得ないのですが、おそらく封切り時の観客は気持ちの悪いオカマがやられていい気味だという受け取り方をしたのでしょう。

この同性愛差別描写はロブ・エプスタインとジェフリー・フリードマンが監督したハリウッドのセクシュアルマイノリティ描写に関するドキュメンタリー映画『セルロイド・クローゼット』(一九九五)でもとりあげられています。ハリウッドのメジャーな映画としては初めてゲイとエイズを扱ったジョナサン・デミ監督作『フィラデルフィア』(一九九三)で主人公を演じてアカデミー賞に輝いたトム・ハンクスが『バニシング・ポイント』について、この作品で初めてアメリカ映画にそれとわかる形で出てくるゲイキャラクターを見て、かなりネガティヴな先入観を持ったと述べています。『バニシング・ポイント』ではコワルスキー自身が伝統的な男性性から逸脱した人物なのに、より露骨に伝統的男っぽさに反逆する派手なゲイは悪役なのですね。

この一見、唐突で不可解な展開を読み解くには、クィア批評の代表的な研究者であるイヴ・K・セジウィックの『男同士の絆』がヒントを与えてくれます。本書でセジウィックは「ホモソーシャル」という概念を探求し、こう述べています。

「ホモソーシャル」という用語は（中略）同性間の社会的絆を表す。またこの用語は、明らかに「ホモセクシュアル」との類似を、しかし「ホモセクシュアル」との区別をも意図して造られた新語である。実際この語は、「男同士の絆」を結ぶ行為を指すのに使用されているが、その行為の特徴は、私たちの社会と同じく強烈なホモフォビア、つまり同性愛に対する恐怖と嫌悪と言えるかもしれない。（イヴ・K・セジウィック『男同士の絆』、訳書一―二頁）

これに続いてセジウィックは、「ホモセクシュアル」は「男を愛する男」、「ホモソーシャル」は「男の利益を促進する男」の絆であると解説します（四頁）。ホモソーシャルな場では男同士の連帯が重視されますが、ホモセクシュアルな関係は強く断罪され、ホモソーシャルとホモセクシュアルの連続性が否定されます。男の利益を促進しようとする男たちは、自分たちはホモセクシュアルではないということをアイデンティティの礎にすらしています。ホモセクシュアルであることは伝統的な男らしさから離れて女のようになること、道徳的に堕落することと結びつけられやすくなります。『バニシング・ポイント』でも、このホモソーシャルがホモセクシュアルを排撃する論理が働いていると考えてよいでしょう。伝統的な男らしさにはまれないコワルスキーと人種差別や障害者差別の対象になるスーパー・ソウルは、白人男性健常者社会からはつまはじきにされる男たちであり、互いを思う純粋な心で結びついています。しかしながらこのふたりの絆はあくまでもホモソーシャルなものにとどまります。型破りなコワルスキーも、ホモセクシュアルであることだけは受け入れられないのです。コワルスキーとスーパー・ソウルがテレパシー的な会話をする場面が、このゲイキャラクターをボコボコにした場面の直後だというのは示唆的です。ホモセクシュアルの性的脅威から逃れたコワルスキーは、男性間のセックスが一切介在しないスーパー・ソウルとの心の絆に慰めを見出すのです。邪悪なものというレッテルを貼られたホモセクシュアリティを排除することにより、コワルスキーとスーパー・ソウルは完全にスピリチュアルなものとしてのホモソーシャルな絆を確立できるのです。

『バニシング・ポイント』はとても哲学的で、人生における自由意志という一生かけて考えるべき問題を深く探求していると思います。しかしながら、その普遍的なテーマの探求が同性愛者の観客に及んでいないというのは、時代の限界はあれ悲しいことだと思います。私はこの映画をこの後何度でも見たいと思うでしょうが、素晴らしい映画だと思うからこそ、欠点も忘れずにいたいと思います。

対等な女を怖がる男たち——男の幻想に逆襲する喜劇『負けるが勝ち』

一八世紀のイラつくクズ男

僕は女を崇めてるんだけど、その中で僕がまともに会話できる連中ってのは、僕自身軽蔑しているような女たちだけなんだよ。そういう運命なのさ。（オリヴァー・ゴールドスミス『負けるが勝ち』第二幕第一場）

なんだか状況がわからなくてもムっとする台詞ですよね。これは一八世紀アイルランド出身の劇作家オリヴァー・ゴールドスミスが一七七三年に発表した喜劇『負けるが勝ち』で、ロンドンの良家のお坊ちゃんチャールズ・マーロウが自分を形容する台詞です。マーロウが言う「僕自身軽蔑しているような女たち」というのは、友人のヘイスティングズによると「パブのメイドや大学の寝室係」（第二幕第一場）など、自分たちより階級の低い女を指します。チャールズは上流階級の女とはほとんど目も合わせられない恥ずかしがり屋ですが、下層階級の女を口説くことにかけてはたいへんな手腕を発揮します。自分より階級が下で、与しやすいと思った女しか口説かないのですね。しかも相手のことは軽蔑しています。いや、本当にいけすかねえ野郎です。これで恋愛喜劇の主人公なんですよ⁉

社会的地位や学歴、年齢などが「下」の女としか付き合いたがらない男を見たことがある方はけっこういるかと思います。人格の成熟度とかユーモアのセンスなど家庭生活で重要な要素は社会的地位や学歴、年齢などで決まるものではないのですが、チャールズのように自分に自信がない男はラベルで人を判断して優位に立てそうな相手しか口説かないのですね。『負けるが勝ち』は一八世紀のお芝居ですが、こんな今でも見かける、いけすかない男を面白おかしく描いたコメディです。日本ではあまり知られていませんが、英語圏では人気があり、イギリスの劇評家チャールズ・スペンサーなどは「天国のどこかで（中略）『負けるが勝ち』の完璧な上演が永遠に続いているんだろうとずっと信じているんです」と言うほどで、楽しい劇として定評がありま す。この節では、とても現代的なテーマを扱ったこの古典的戯曲を、物語を追いながら見ていきたいと思います。

ヒロインのケイトが仕掛ける恋の罠

『負けるが勝ち』のヒロインはハードカッスル家の令嬢ケイトです。ハードカッスル家は田舎に屋敷を持っており、貴族ではありませんが「州でも一番の名家のひとつ」(第四幕第一場)です。ケイトはハードカッスル氏の先妻の娘で、後妻である二代目ハードカッスル夫人には連れ子のトニー・ランプキンがいます。トニーは大変ないたずら者です。

ケイトは若いわりにしっかりしています。冒頭の第一幕第一場で、ハードカッスル氏は娘のドレスが派手すぎるとこぼしますが、これに対してケイトは、朝は訪問に備えて自分の好きなドレスを着るが、夕方になれば言いつけどおり粗末な服装をするという取り決めをしたでしょ、と父に約束を思い出させます。ハードカッスル氏はうるさ型のようなのですが、父の顔を立てつつ、うまく自分のやりたいことをやってしまうケイトはなかなかやり手です。

とはいえケイトも若いので、イケメンの話を聞くと心穏やかではいられません。ハードカッスル氏は娘を友人マーロウ氏の息子チャールズと結婚させたいと考え、紹介のため家に呼ぶとケイトに伝えます。ハードカッスル氏はそこまで強権的な父親ではなく、「お前の選択を支配する気はないよ」(第一幕第一場)と娘の意志を尊重し、さらにチャールズは内気らしいので闊達なケイトとうまくいかないかもという不安も表明しますが、一方で娘をその気にさせようと口を極めてチャールズを褒めます。教養も財産も申し分ないイケメンが花婿候補ということで、ケイトは「その彼は私のもの！」（第一幕第一場）と期待に胸をふくらませます。このあたりのケイトは従順な可愛いお父さん子といったところですが、一方で会う前から相手の男心を操縦する気満々です。

恋の作戦に大事なのは情報収集ということで、ケイトはチャールズの親友ヘイスティングズの恋人であるいとこのコンスタンスに相談します。コンスタンスは婉曲な表現でとんでもない情報を教えてくれます。

評判が良くて貞淑な女性の間では誰よりも控えめなんだけど、別な感じの女性たちの間では全然違う性格だ、と知り合いの間では囁かれてるの。わかるでしょ？（第一幕第一場）

「別な感じの女性たち」というのは下層階級、とくに水商売の女たちを指します。ふつうならそんな裏表のある人はやめとこう……と思うものですが、むしろ闘争心をかき立てられたのか、ケイトはチャールズとうまくいくか試すことにします。
一方、いたずら者のトニーは、家の外でたまたま出会ったチャールズとヘイスティングズをからかってやろうと、ハードカッスル邸を「宿屋」として紹介します。一行はハードカッスル氏を宿屋の主人と思い込んでトンチンカンな振る舞いをします。屋敷を宿屋だと思い込んだまま、チャールズはケイトと対面しますが、相手の顔すらまともに見られない始末です（この場面はチャールズが挙動不審すぎるので、舞台では笑いどころです）。ところがチャールズはどうも相当美男だったようで、ケイトは「かなりいい男」で「センスもいい」（第二幕第一場）がそれを発揮できていないと見抜きます。

第三幕第一場で、ケイトはチャールズが屋敷を宿屋だと思い込んでおり、さらに粗末な服に着替えた自分をメイドと勘違いしていたと知ります。ケイトと目も合わさなかったので、顔を覚えていなかったのですね。ケイトは話し方を変え、メイドのふりをしてチャールズに近づきます。ここでケイトは、男に姿を見られるというのは「顔を市場に出す娘には小さからぬ強み」（第三幕第一場）だと言います。ケイトは、結婚はロマンティックな結びつきというよりは市場での取引のようなものというたいへんドライな結婚観を持っており、抜け目ない商人のように行動します。

この後は、わりと打算で動いていたケイトとスケベ心で動いていたチャールズがどんどん本気になる様子が描かれます。メイドのふりをしたケイトにチャールズはすぐ目を付け、自分はロンドンではモテるのだなどという（真偽の怪しい）自慢をします。チャールズはまだ相手を軽く見ていますが、一方で「あのちっちゃな宿屋のメイドがひどく妙な感じで頭から離れない」（第四幕第一場）と言い、軽はずみに手を出すことはしないとヘイスティングズに誓っていて、どうも少々真剣になってきています。

だんだん「宿屋」の状況を不審に思いはじめたチャールズに対して、ケイトは本当はここはハードカッスル家なのだと教えます。しかしながらまだ自分の正体は明かさず、ハードカッスル家の貧しい親戚で家政を担当していると思わせておきます。驚いたチャールズは、自分はとんでもない勘違い野郎で、相手の思わせぶりな態度についても誤解していたのではないかと不安になりますが、ケイトのしおらしい態度を見て心を打たれます。チャールズは真剣に恋に落ちたものの、身分が違いすぎて互いのためにならないと身を切る思いで別れようとします。これを見たケイトはチャールズの真心にグっときてしまいます。

結局ケイトを諦めきれなかったチャールズは、身分も財産の違いもかなぐり捨てて求婚しようとしますが、最後にケイトの本当の身分が明らかになり、一杯食わされて呆然とします。ケイトはチャールズを今までのことでからかいますが、そんなことをされてもチャールズは恋心には勝てません。「ちっちゃな暴君」、つまりケイトが今後もう少しお手柔らかに振る舞ってくれれば「僕は最高に幸せ者になれる」（第五幕第三場）と求愛し、カップルが成立して芝居が終わります。

結局、ケイトはチャールズより何枚も上手で、いけすかねえ野郎は自分のバカさ加減を悟って真の愛に目覚めることになりました。ケイトが父の指示に従って結婚するというところは古さを感じさせますし、ケイトみたいな賢い女とチャールズみたいなおバカさんがうまくいくのかという不安はありますが、一応ハッピーエンドです。

階級も、良い女／悪い女の区別も、全部眉唾

このお芝居が非常に面白いのは、我々が当たり前のように受け入れているいろいろな社会的区別を、単なる幻想に近いものとして笑い飛ばしているところです。ケイトは衣類や話し方を変えることで身分の低いメイドになりすましますが、ここでは生まれに基づく階級は習得した身のこなしの差異にすぎず、いくらでも演じたり装ったりすることができるということが示唆されています。ケイトは作中で令嬢↓メイド↓貧しい親戚↓令嬢と三回も身分を変えており、ケイトが自分をどう見せたいかと、チャールズが相手をどう見たいかというふたつの要素の組み合わせによってケイトが身に帯びる階級が決まっていきます。相手の階級をどう判断するかについてチャールズが採用した基準は非常に曖昧で、まったく確実なものではありません。第四幕第一場で、ケイトがチャールズに対して自分の立ち居振る舞いには宿屋のメイドらしいところなどなかったのに、と言うところは、おそらくチャールズのあてにならない判断をからかっているのでしょう。チャールズは女の階級を正確に判断できないのに、それを基準に女を選ぶというバカげたことをしていたのです。

さらにこの作品が問い直しているのは、良い女と悪い女の間にある社会的な区別です。チャールズが下の階級の女ばかり口説くのは、そうした女のほうが尻が軽いと見なされており、またセックスがらみの問題が起こっても男が責任をとらされることが少ないからでしょう。階級が上の男は、こうした女たちに対して優位な立場で火遊びを仕掛け、トラブルが起きれば逃げることもできます。一方で上流階級の女の場合は純潔や身持ちの固さが尊ばれ、うかつに手を出すと責任を取らされます。チャールズの心には、階級が下で自分が手を出してもいいふしだらな女たち、つまり「悪い」女たちと、貞操を守ってやらねばならない「良い」女たちとの間に厳然たる区別がありますす。もちろん実際には性道徳と人格の良し悪しはまったくの別問題なのですが、男性中心的な社会は性道徳や階級といったラベルだけで女の良し悪しを分けようとします。

ケイトの変身はこの区別を非常に曖昧にします。ケイトはメイドに変装することについて、チャールズが「とりわけ気ままな女しか」(第三幕第一場)相手にしないような男なのかもと言っていますが、ケイト自身は身持ちの固い良家の令嬢であるにもかかわらず、「とりわけ気ままな女」と思われるようなフリをすることを恐れませんし、やすやすとそうした役割を演じます。男社会から「良い女」と見なされている女が「悪い女」のフリをするのは演技で可能になりますし、その逆もまた真で、この区別は常に揺らいでいます。ケイトの変身は面白おかしいものですが、裏には女を二種類に分けようとする男社会の考えをも笑いとばす、辛辣な諷刺がひそんでいるように見えます。

一八世紀の観客がこうしたことを考えてお芝居を見ていたかはわかりません。全体的にあまりにも面白おかしいので、こんなことを考える間もなく楽しめます。しかしながら、『負けるが勝ち』は爆笑とロマンスの裏にいろいろな可能性を秘めた作品だと思います。日本でもぜひ、上演してほしいものです。

プリンセスは男のロマン！――映画に出てくるお姫様と男たち

プリンセスの謎

この節では、プリンセスに対する男性の憧れについて書いてみたいと思います。プリンセスといえば女の子の夢……なので、男性がプリンセスに憧れるの？　と思う方もいるでしょう。映画の話を絡めながら、これについて分析していきます。

ディズニープリンセスからダイアナ妃のような実在の女性まで、キラキラのドレスやティアラを身につけたプリンセス（英語では王女と王子妃の両方を指します）に憧れる女の子はたくさんいます。一方、プリンセス願望は階級や容姿に関する偏見を子どもに植え付けかねないという不安を抱いている保護者もいます。たとえばペギー・オレンスタイン『プリンセス願望には危険がいっぱい』はこうしたプリンセス願望を批判する本です。この本によると、ディズニーなどの企業は女の子のプリンセスへの憧れを刺激して利益を得ていますが、こうした風潮のせいで女の子は小さいうちから容姿の美しさ、セクシーさを重視する考えを内面化し、「魅力的でなければいけない」

という強迫観念のせいで、自分がやりたいことを追求したり、適切な自尊心を持ったりすることが妨げられてしまいます。少女たちはひたすら可愛くなって王子様のような男性を待つ受動的な態度をよしとし、そのせいでいろいろな困難に直面したり、場合によっては鬱や摂食障害などの病気につながったりすることもあるのです。

私は子どもの時からほとんどプリンセス願望がありませんでした。アニメ版『白雪姫』(一九三七)は退屈だと思ったし、好きなディズニー映画はキツネのアウトローが悪代官と戦う『ロビン・フッド』(一九七三)でした。大学に入ってから授業でこうした民話には複雑な歴史的背景があり、多くの芸術作品に影響を与えていることを知って、初めてプリンセスに興味を持ちました。

私が長年不思議に思っているのは、なぜ男性はプリンセスがこんなに好きなんだろう? ということです。私が研究しているシェイクスピアはもちろん、中世ロマンスや絵画からオペラにいたるまで、プリンセス物語を好んで紡いだ男性芸術家は山ほどいます。プリンセスにメロメロなのは実は女性よりもむしろ男性では……? という疑いが私の心にずっとあります。女性と異なり、自分がプリンセスになりたいと思う男性は少ないかもしれませんが、どうもプリンセスが大好きで結婚したいという願望を持つ男性はたくさんいるように見えます。こういうことをデータに基づいて分析するのはなかなか難しいのですが、「男性のプリンセス願望」を垣間見ることができそうな映画が三本（プラス続編一本）あるので、見ていきたいと思います。

空から降るプリンセス

ウィリアム・ワイラー監督の『ローマの休日』（一九五三）はお姫様ものの古典です。ヨーロッパ某国の後継者アン王女（オードリー・ヘップバーン）がローマで公務を抜け出し、アメリカ人新聞記者ジョー（グレゴリー・ペック）と恋に落ちます。ロマンティックで機知に富んだ展開と絶妙な配役のため、とても人気があります。

上品で天真爛漫なアン王女は非常に魅力的で、女性の憧れとなっています。しかしながらよく見てみると、この映画は少々男性に都合の良い映画です。ジョーはたまたまプリンセスを道で拾い、これはスクープになると考えて彼女と共に行動します。しかし世間知らずな彼女に振り回されているうちに、次第に惹かれるようになり、結局、ふたりは相思相愛になってしまいます。基本的な設定だけなら、空から女の子が降ってきて主人公が振り回される『天空の城ラピュタ』（一九八六）とそんなに変わりません。『ローマの休日』はだいぶ大人向けなので、性交渉を暗示する表現も（さりげないですが）ありますし、ジョーは愛のためスクープを諦め、アンが国家への責任のため愛を諦めるというふうに両者が精神的成長を経験して別れる苦い結末もありますが、とはいえ、男性のプリンセスに対する憧れが窺える展開ではあるでしょう。
昔から映画ファンの間で囁かれている噂として、この作品は新聞記者、つまりジョーと同じ仕事をする男性にとても人気だと言われています。映画の投票企画などでもこの映画には新聞記者からの投票が多いそうで、どうもジョーの立場に身を置いて楽しんでいる男性がいるようです。なんだ、やっぱり男性もプリンセスに憧れているんじゃないですか！

プリンセスと平民男性という話は人気があり、ジュリアン・ジャロルド監督『ロイヤル・ナイト 英国王女の秘密の外出』（二〇一五）は『ローマの休日』から強い影響を受けています。これは一九四五年、第二次世界大戦のヨーロッパ戦勝記念日にエリザベス王女（後の英国女王エリザベス二世）とマーガレット王女がお忍びで外出したという史実を大幅に脚色したもので、兵士ジャック（ジャック・レイナー）と王女（サラ・ガドン）の淡い恋をフィクションとして織り込んでいます。妹とはぐれたエリザベスを助けたジャックは、最初は相手が王女だと気付きません。エリザベスが身分を明かすとジャックはひどく驚き、怒ったかと思うと少し嬉しそうにするなど、若者らしい反応を示します。危うく脱走兵になるところをエリザベスに車で兵舎まで送ってもらい、一夜のデートの余韻をかみしめて点呼に戻るジャックの姿は、男性が高貴な女性に対して抱く憧れを体現しているかのようです。

プリンセスとのキス

もうひとつ、男のロマンとしてのプリンセスを語る上で外せない映画がマシュー・ヴォーン監督のスパイアクション『キングスマン』(二〇一四)です。

主人公のエグジー(タロン・エジャトン)はロンドンで仕事もなく行き詰り、グレ気味です。ところがひょんなことから秘密諜報組織キングスマンのエージェント候補にスカウトされ、テロリストであるヴァレンタイン(サミュエル・L・ジャクソン)の陰謀に対抗すべく、師のハリー(コリン・ファース)の指導のもとで活躍します。

この映画には強烈なプリンセスが登場します。それがスウェーデン王国の跡継ぎティルデ王女(ハンナ・アルストロム)です。ティルデは、優秀なリーダーのみを残して一般人を抹殺するという計画をヴァレンタインから持ちかけられますが、計画への参加をきっぱり断ったため、ヴァレンタインの秘密基地に監禁されてしまいます。

終盤でエグジーはヴァレンタインの手下との戦闘中にティルデの監房のドアの前に隠れて身を守ろうとします。物音に気付いたティルデはドアの小窓から外にいるエグジーに話しかけ、出してくれと頼むのですが、エグジーは「キスしてくれる？　王女とのキスが夢で」と言います。エグジーはもともとけっこう柄が悪く、夢見がちなタイプには見えないのですが、実は童話のプリンセスに憧れるロマンティックな青年だったようです。普通ならばこれはずいぶん失礼な要求ですが、エグジーが訓練を受けたキングスマンは、アーサー王の円卓を模した組織です。高貴な女性に忠誠を誓うかわりにキスを求めるのは中世の騎士ロマンス風ですし、劇的な救出で双方ハイテンションなので、無礼というよりむしろエグジーの受けた教育の成果と内に秘めた純情ぶりがのぞく可愛いお願いに見えます。

ティルデはそんなエグジーの颯爽たる伊達男ぶりにやる気が出てしまったのか「キス以上のことをしてあげる」と露骨に性的誘いをかけます。ティルデを助け出すより先にヴァレンタインと対決しなければいけないエグジーが「世界を救う」とその場を離れようとしたところ、ティルデは世界を救えたならば'asshole'つまり「ケツ穴」でやりましょうと、直接的な表現でアナルセックスを申し出て励まします。エグジーはヴァレンタインと対決し、牢獄に戻ってティルデのお尻といい雰囲気になったところで映画はおしまいです。

これは男性のプリンセス願望が炸裂する展開です。ティルデはヴァレンタインの非人道的な計画に反対する頭とガッツを持ち合わせたお姫様で、国民に人気もあるようですし、ブロンドの美女です。そんな高貴な麗人を監禁から救出したところ、相手が自分から性欲満々で迫ってきてくれるというのは、プリンセスに対してあくまでも礼儀正しい騎士でありたいが同時にセックスもしたいという男性の相反する憧れが、うまいぐあいに解決されるかのようなお話です。ティルデが受動的なプリンセスのステレオタイプを打ち破る開けっぴろげで面白いキャラなのであまり気付きませんが、貴婦人にいろいろな意味でお仕えしたいという男性の憧れが凝縮されていると思います。

続編『キングスマン：ゴールデン・サークル』（二〇一七）では、さらにこれが発展し、男性のプリンセス願望ならぬプリンス願望が炸裂する展開になります。なんとエグジーはティルデと婚約し、最後は結婚してプリンスになるのです。王子様と結婚してプリンセスになるのが女の子向けファンタジーの定番の展開でしたが、お姫様と結婚してプリンスになる男の子の時代が来たのです。ちなみに、学者の悪いクセで、平民であるエグジーがプリンセスと結婚してプリンスの称号をもらうのは法的に可能なのかどうか調べたところ、スウェーデン王太子であるヴィクトリア王女の夫ダニエルは結婚の際にプリンスの称号を受けており、妻が女王である場合に夫がプリンス・コンソート（王配、女王の配偶者）に相当する称号で呼ばれる場合もありました。つまり、エグジーがプリンスになるのは現実的にも可能です。エグジーは、男のロマンの実現に邁進しています。

こうした男性のプリンセスへの憧れは、すでに民話やファンタジーの批評などでは指摘されていることです。英文学者のジョー・カーニィは民話「ろばの皮」などについて、財産や地位のあるプリンセスを求める「男性の欲望」が物語のキーであることを解説しています。プリンセスとの結婚は社会的地位、権力、富をもたらしてくれるものであり、さらに美貌までついてくるとあらば、男性にとってはすべての欲望を満足させてくれる夢の花嫁です。

男性も女性と同じくらい、あるいはそれ以上にプリンセスへの憧れを抱いているということは、男性も女性も意識しておいていいかもしれないと思います。女の子があんなにプリンセスになりたがるのは、実は男性がリッチで可愛いキラキラのプリンセスと一緒になりたいという憧れを持っていて、その趣味に合わせて作った世界に乗せられているだけなのかもしれないとすら思えてきます。プリンセスへの憧れは女の子だけのものではなく、男の子の間にも広がっているものなのです。

ロマンティックな映画としての『ファイト・クラブ』

もし一九九九年に制作されたデヴィッド・フィンチャー監督の映画『ファイト・クラブ』をまだ見ていない方がいたら、ここを飛ばすか、あるいはすぐに『ファイト・クラブ』を見てから続きを読んでください。この作品は、予想外の結末が魅力のひとつです。普段はあまり気にせずネタバレしてしまう私も一応、注意報を出しておきたいと思います。この節では、激しくネタバレしつつ、ジェンダーに注目した『ファイト・クラブ』批評を試みます。

男性の映画？

社会に不満を抱いた男たちが殴り合いをする「ファイト・クラブ」を結成し、やがてそれがテロ組織へと発展していく姿を描いた『ファイト・クラブ』はものすごく「男性的」な映画だと言われています。著名な映画批評家ロジャー・イバートはこの作品を「マッチョポルノ」だと言いましたし、この作品がミソジニーに溢れているとという批判はたくさんあります。さらに、この映画とその原作であるチャック・パラニュークの小説は、二〇一〇年代半ばになってから、オルタナ右翼と呼ばれる新しい右翼運動支持者たちから愛されるようになりました。オルタナ右翼は白人至上主義や男性中心主義が特徴で、ドナルド・トランプの支持層だと言われています。たしかに『ファイト・クラブ』には、陰謀論、男性性への渇望、既存の体制や社会秩序に対する疑い、暴力の美化、強くてカリスマ的なリーダーであるタイラー・ダーデン（ブラッド・ピット）など、オルタナ右翼に参加する白人男性が喜びそうなテーマがたっぷり入っています。

社会に不満を抱く男性たちに大人気のこの映画ですが、そうした解釈は表面だけをなぞった浅いもので、むしろ『ファイト・クラブ』はオルタナ右翼的な考えを批判する作品だという解釈をとる人たちもいます。さらに、この作品は女性に人気がないというわけではありません。二〇一〇年には、ジェイン・オースティンの小説に出てくるレディたちが、礼儀にうるさく女性には結婚しか道がない一九世紀初頭の社会に飽きてファイト・クラブを結成するという内容の「ジェイン・オースティンのファイト・クラブ」という短いパロディビデオが作られ、インターネット上で大ウケしました。このビデオの制作には女性がかかわっていますし、オースティンのファン層は幅広いのですが、英文学の中ではどちらかというと若い女性に人気がある作家です。二〇一六年にはジェシカ・ベネットが『フェミニスト・ファイト・クラブ』という職場の性差別と戦うためのフェミニズム本を出しており、『ファイト・クラブ』に出てくるクラブのルールをもじった決まりが出てきます。さらに、二〇一八年にシャーリーズ・セロンを主演に作られた映画『タリーと私の秘密の時間』は、一見リアルな女性映画ですが、はっきり言って『ファイト・クラブ』の子育て版です。

私は、『ファイト・クラブ』は男性中心主義を賛美する映画ではなく、むしろ伝統的な男らしさを美化する風潮を辛辣に諷刺した作品なのではないかと考えています。突飛な解釈に見えるかもしれませんが、私の考えでは、『ファイト・クラブ』は実はとてもロマンティックな映画です。これはとくに私がフェミニズム批評とか映画批評の訓練を受ける前、高校生の時に映画館で初めてこの映画を見たときから思っていた解釈です。

間違った方向に進むロマコメ

『ファイト・クラブ』は、名無しの語り手（エドワード・ノートン）が爆弾テロに巻き込まれ、拘束されているところから始まります。そこで語り手は「すべてマーラ・

シンガーが原因だ」と女の名前を口にし、話が過去に戻ります。

語り手は不眠症で悩んでおり、精神安定のために仮病を使って自助会に通っています。病気の人たちと慰め合って泣くと、感情が落ち着いてよく眠れるのです。この描写からは、どうやら語り手は、人間と接触して感情を動かされることを望んでいるらしいことがわかります。ところがある時、睾丸ガンの患者の会に、女性のマーラ（ヘレナ・ボナム＝カーター）が入ってきます。冒頭で出てきた謎の女がとうとう登場です。ゴス風の真っ黒なコートにサングラスをかけ、ガン患者がいるところに煙草をスパスパふかしながら入ってくるマーラは、相当にヤバそうな女です。

しかしながら、このヤバい女マーラには大変な魅力があります。男ばかりのところに入っていくのは、大抵の女性にとって勇気が要ることですが、どう見てもシスジェンダー女性で睾丸がなさそうなのに睾丸ガンの患者の会にあっさり入っていくマーラはたいした猛者です。自助会でしばしば彼女と顔をあわせるようになった語り手は、おそらくは同じ穴のムジナと思われるマーラのことが気になってたまりません。自分では大嫌いだと言っていて、腫瘍ができたらマーラと名づけようとか宣言していますが、内面を探るため洞窟を想像する瞑想をしている際、マーラが登場してしまうくらいは意識しています。語り手はマーラを怒鳴って追い払ってやりたいと夢想し、結局は話しかけて自助会に出てくるのをやめさせようとまくしたてますが、マーラには説得の台詞を練習してきたのだろうと緊張を見抜かれてしまいます。どちらがどの自助会に出るかで言い争いをするふたりですが、結局語り手はマーラの電話番号を聞き出します。

よく考えると、この映画はここまでなら典型的なロマンティックコメディです。トラブルを抱えている男と素っ頓狂な女が出会い、第一印象は最悪ですが、なぜか相手のことが気になって……というのは、昔からある恋愛喜劇の王道展開です。語り手は明らかにキレッキレの不良娘、マーラに惹かれています。

ところが、この後マーラと語り手の恋路は進みません。この直後に、語り手の人生にカリスマ的でいかにも男っぽいタイラーが現れます。語り手は消費文化に浸かっており、アパートを家具でいっぱいにしていましたが、その家が火事になったことをきっかけに、タイラーと廃屋で暮らし始めます。語り手はタイラーと殴り合うことによって自分の男性性を取り戻したと感じるようになり、男たちの拳闘クラブであるファイト・クラブを結成します。

語り手の人生から消えたかのように見えるマーラですが、ある時睡眠薬を大量に飲んで語り手に電話をしてきます。ひょんなことから語り手ではなくタイラーがマーラのもとに行くことになり、ふたりは性的関係を持つようになります。マーラをセックス相手としか考えていないタイラーを、語り手は苦々しく見つめます。やはり、語り手はマーラが気になって仕方がないのです。その後、語り手はマーラに誘惑されますが、誘いに応じて親密になることができません。

引き裂かれた語り手

こういうわけで、『ファイト・クラブ』はまったくロマコメにはならず、語り手はタイラーにマーラを奪われて敗北感を味わうわけですが、終盤になってから驚愕の事実が明らかになります。魅力的で男たちの憧れを一身に集めるような存在であるタイラーは、語り手が決まり切った暮らしを抜け出したいという願望から作り出した別人格だったのです。つまり、語り手はタイラーであり、マーラと激しくセックスしていたのは語り手自身でした。

映画の進み具合からすると、語り手がタイラーを作り出したきっかけのひとつはおそらくマーラへの恋情です。自助会に通っていたことからもわかるように、語り手は人間同士の接触を求めていますが、一方では家具付きの家で平穏な家庭を築くような人生に不満を抱いています。タイラーが語り手に対して、自分たちは母子家庭で育った世代であり、「母親の後は女房だなんて最低だよ」と言うところがありますが、これは普段は抑圧している語り手自身の思考です。語り手は女性と親密になることにより、自分の男らしさが傷つくのではないかと恐れているのです。

しかしながらマーラは語り手に似たところがありつつ、語り手よりもかなり社会から逸脱したワイルドな女性です。語り手が最初にマーラに対して嫌悪を感じたのは、自分より非凡ながらも共通点がありそうな相手に魅力と脅威の両方を感じているからだと考えられます。キレがあり、たぶん語り手よりタフですが精神不安定で欠点も多いマーラと恋に落ちれば、多少は楽しい刺激的な人生があるのかもしれません。しかしながら、マーラに惹かれつつ、女性と継続的な関係を築くことに恐怖も感じている語り手は、恋に落ちることができません。恋への恐れと社会への不満があいまって、語り手は女など歯牙にもかけない「男らしさ」の権化、タイラーという別人格を作り出すのです。

タイラーはマーラを性の対象としか考えていない一方、語り手は人としてのマーラに惹かれています。これは語り手が愛する女性に性的に惹かれつつ、セックスによって真面目なコミットメントを必要とする関係が生まれることを恐れ、性欲と恋を分けようとしていることの表れです。

終盤、語り手は自分がマーラをとても大事に思っていることに気付きます。一方でファイト・クラブを秘密組織へと発展させ、メイヘム計画という大規模な爆破テロを計画しているタイラーは、語り手の人間的感情を喚起する存在であるマーラを消そうとします。語り手はマーラだけはなんとかして助けようとします。タイラー、つまり自らの中にある暴力的な男らしさへのこだわりを捨てるため、語り手は自分を撃ちます。

この映画は、自分を撃った語り手のもとにマーラが連れてこられ、ケガを心配するマーラに語り手が「これからはすべてよくなる」と言った瞬間、メイヘム計画により周囲の建物が爆発するところで終わります。ビルの窓からすべてが崩れ落ちる光景を眺めつつ手を握り合うふたりの姿に、ピクシーズの曲 'Where Is My Mind?' のギラギラしたギター音がかぶります。こんな状態で「すべてよくなる」わけないのですが、語り手は世界の終わりに立ち、ようやくマーラへの愛に正面から向き合うことができました。暴力にまみれ、男たちに崇拝されるファイト・クラブのリーダーとしての生よりも、語り手にとって「良い」生なのは、ダメ女のマーラと愛し合うこの瞬間でした。

全体として、この作品は女への愛と向き合うのを避けて男の世界に逃避し、男らしく美しいものと思って暴力に身を浸した男が、とんでもない破局を招いてしまい、結局は女との愛を選んだほうが良かったことに気付くという、とても皮肉なラブストーリーだと思います。そして、語り手が愛する女が清純な「良い女」ではなく、欠点だらけのマーラだというところがこの話のポイントです。この映画では、男たちが伝統的な男らしさの中に潜む暴力性に突き動かされて破局をもたらす一方、女はダメ女でも優しさとか愛についてけっこうちゃんと考えて生きています。『ファイト・クラブ』では、女を排除し、暴力を男らしいものとして美化する傾向が実は幸せをもたらさないということを、語り手の愛に関する葛藤と失敗を通して痛烈に諷刺した作品だと思います。

コラム　発展を続けるバーレスク

二〇二四年六月、世界でもっとも有名なバーレスクフェスティヴァルであるバーレスク・ホール・オヴ・フェイム・ウィークエンドに生まれて初めて行ってきました。例年、仕事が忙しい時期に開催されるので行くことができなかったのですが、二〇二四年はサバティカルという大学教員が在外研究（留学みたいなものです）をする年だったので、念願がかないました。会場であるラスヴェガスじたいが初めてだったので、何もかも新しいことばかりでビックリしました。

バーレスク・ホール・オヴ・フェイムというのはラスヴェガスにあるバーレスク専門の博物館で、フェスティヴァルはここの資金集めイベント……ということになっていますが、現在ではかなり大がかりで商業化されたお祭りになっています。毎晩、テーマごとのショーがあり、最終日はミス・エキゾティック・ワールドというバーレスクのチャンピオンを選ぶ大会が行われます。この他、お昼の時間帯にはレジェンドと呼ばれるベテランパフォーマーのお話を聞く会などが催されます。

最近のバーレスクの傾向として興味深いのは、コンテストでジェンダーによるカ

二〇二四年六月、ラスヴェガスのバーレスク・ホール・オヴ・フェイムにて

テゴリ分けがなくなってきていることです。私がバーレスクを見はじめた頃のコンテストはだいたい男女で分かれており、バーレスククイーンとボーイレスクキングを別々に選びます……という感じでした。ところがその頃から既にカテゴリで分けづらいアイデンティティのパフォーマーはいました。ショーを作るにあたって筋力とか柔軟性は大事ではありますが最重要というわけではないので、ジェンダーで分けてもそこまで意味がないとは言えると思います。

ミス・エキゾティック・ワールドも二〇二三年からはジェンダーによるカテゴリ分けがなくなり、黒人男性パフォーマーであるサムソン・ナイトが優勝しました。ミス・エキゾティック・ワールドでは前年の優勝者がタイトルを譲るステップダウンというショーがあります。二〇二四年のナイトのステップダウンの演目はわかりやすいストーリーがあり、ユーモアを交えながらポジティヴなメッセージを楽しく伝える内容で、さすが王者……という感じでした。

3　ヒロインたちと出会おう

シェイクスピア劇の魅惑のヒロイン、無限に変化する女王クレオパトラ

異色のヒロイン

私が信用するのは私の決意とこの手だけ［。］
（ウィリアム・シェイクスピア『アントニーとクレオパトラ』、第四幕第一五場五一行）

私がシェイクスピア劇に出てくる女性登場人物で一番気に入っているのが、他でもない『アントニーとクレオパトラ』のヒロイン、古代エジプトの女王クレオパトラです。『アントニーとクレオパトラ』は、クレオパトラとローマの三頭政治の一角であるマーク・アントニー（これは英語式で、ラテン語表記ではマルクス・アントニウス）の恋と政治的駆け引きを描いた悲劇です。ふたりは同じく三頭政治の一角オクテーヴィアス・シーザー（のちのアウグストゥス）との政治闘争に敗れ、自殺することになります。全体を彩る華麗で詩的な台詞が特徴の作品です。

冒頭の引用からわかるように、この作品中のクレオパトラは自分を信じて古代の政界をサバイバルしてきたスケールの大きい女性です。政治家であり、恋する女であり、母でもあります。エジプト女王として国を治める一方、アントニーの前にもジュリアス・シーザー（ユリウス・カエサル）やポンペイ（ポンペイウス）など、権力も器も並外れたローマの男たちと愛し合ってきました。クレオパトラについて、アントニーの臣下であるイノバーバスは「年齢もその容色をむしばみえず、かさねる逢瀬も／その無限の変化を古びさせえぬ女」（第二幕第二場二四五―二四六行）と言っていますが、この「無限の変化」はクレオパトラの性格を最もよく示す言葉であるとともに、シェイクスピアの作風自体をも一言で表す言葉として有名です。

　クレオパトラはシェイクスピア劇の中では異色のヒロインです。シェイクスピア劇では若々しくて若干少年っぽいヒロインが活躍することが多いのですが、クレオパトラはこうした乙女たちとはまったく異なる成熟したセクシーな中年女性です。シェイクスピアの時代のイングランドでは婚前性交渉や婚外性交渉をした女性に対してひどい差別があり、夫以外の男性とセックスした女性は売春を職業にしているかどうかにかかわらず‘whore’（娼婦）と呼ばれて社会的に排撃されていました。正式に結婚していないアントニーと内縁関係を続け、当時のイングランド、および劇中の古代ローマ世界においては性道徳の面で許しがたい行動をとっているにもかかわらず、自信に満ちた人間味豊かな女性として描かれているクレオパトラは、シェイクスピア劇の中でも特異な女性です。イノバーバスは「どんな卑しいものも女王にあっては美しく見えるのだ。／聖職者も女王のふしだらには祝福せずにはいられまい」（第二幕第二場二四八—二五〇行）と言っていますが、女性に対するダブルスタンダードやお堅い性道徳を超越した規格外のヒロインがクレオパトラなのです。

政治ものの悪女から全裸美女へ

クレオパトラは古代から文芸の主題として人気がありました。しかしながらアッピアノス『内乱記』などの古代文献で描かれるクレオパトラはあまり良い女性ではありません。アントニーとクレオパトラはローマに戦争を仕掛けたわけですから、クレオパトラに対するローマ人の印象は悪く、政治の場で活躍する女性に対する偏見もあいまって、クレオパトラは残虐で淫乱、野心満々の悪女というイメージが主流でした。シェイクスピアが種本にしたプルタルコス『英雄伝』をはじめとする歴史書やホラテイウス『歌章』第一巻第三七歌などの詩では少々複雑なクレオパトラ像が描かれますが、関心は主に政治的な文脈にあり、恋愛にはそこまで重点が置かれていません。

一方、中世に入るとクレオパトラはすっかり恋物語のヒロインとなっていきます。チョーサーの『善女物語』第一歌に登場するクレオパトラは恋に殉じる情熱の女です。「全裸で」（六九六行）毒蛇のもとに向かうなどやたら性的な描写がある一方、あまり政治には関心が払われていません。この恋する美女という描写は近世、シェイクスピアの同時代の作家にも共有されており、たとえば女性作家であるメアリ・シドニーはロベール・ガルニエが一五七八年に発表したフランス語の戯曲『マルク・アントワーヌ』の英訳を一五九二年に出版していますが、この作品のクレオパトラは「あまりに麗しい我がかんばせ（顔）のせいで私の境遇は惨めになってしまった」（第二幕四三七行）と「美人すぎて困っちゃう」みたいな発言をし、最後は愛するアントニーを追って死んでゆく愛の女です。

こんな中で登場した『アントニーとクレオパトラ』のクレオパトラは、古代の政治的文脈とルネサンスの恋愛指向を統合したような重層的なキャラクターです。シェイクスピアのクレオパトラは、自分は「女王」なのだから、ということを常に口にしており、政治家らしく振る舞います。第一幕第一場ではアントニーにローマの使者に会うようすすめ、戦争には自ら出陣し、使者を通じてオクテーヴィアスと交渉を試み、敗戦後もエジプトを存続させようと精一杯努力します。結局は敗北しますが、それでもクレオパトラはある種の偉大さと有能さを持った政治家です。美貌についてては自信満々で、他の作品のクレオパトラのように美ゆえの不幸を嘆くどころか、最後まで完璧に美しい姿で死のうと決意しています。アントニーに対する愛の真摯さ、情熱についてては演出によって表現が変わりますが、自殺する前のクレオパトラが亡きアントニーを「大海原」「世界の頂を飾る虹」「天上の音楽」などにたとえ、「あの人の楽しむさまは、水を切る／イルカのように、水のなかに生きながら、歓楽の波間に／姿を没し去ることはなかった」（第五幕第二場八七―八九行）と在りし日の激しくかつ高貴な恋の歓びを語る追悼の辞は、この戯曲の中でも最も劇的なセリフのひとつです。

クレオパトラ再評価

ところが、こんな複雑な女性であるはずのクレオパトラは、批評の歴史においてはずいぶん色眼鏡で見られてきました。一六六四年に『社交書簡集』という本で初めて本格的なシェイクスピア批評と言えるものを刊行した有名な女性作家・哲学者であるマーガレット・キャヴェンディシュはクレオパトラがお気に入りで、「シェイクスピアは男から女に変身していたのではと思うほどです。というのも、シェイクスピアが描いたよりも上手くクレオパトラを描写できる人なんているでしょうか？」（一二三番書簡）とべた褒めしています。ところがその後、雲行きは怪しくなります。シェイクスピアのクレオパトラは「永遠の女性」（スウィンバーン、一八八一一八九頁）などと呼ばれて政治家的側面を剝奪されつつやたら理想化されたり、逆に男性を誘惑する野心的なファム・ファタルとしてケチをつけられたりしていました。

しかしながら一九七七年にリンダ・T・フィッツは「エジプト女王と男性批評家ー『アントニーとクレオパトラ』批評における性差別的態度」というそのものずばりのタイトルの論文を発表し、批評家がアントニーに比べてクレオパトラにずいぶん不公平な態度でのぞんでおり、とくに政治と性についてダブルスタンダードな解釈をしている例が多数あることを指摘しました。この論文は影響力があり、これ以降『アントニーとクレオパトラ』におけるクレオパトラ像に対する評価は以前より深いものになってきていると思います。

もちろん、クレオパトラは完璧なロールモデルというわけではありません。欠点もあれば失敗もする女性です。それでも、飛び抜けて魅力的な舞台のヒロインであることに変わりはありません。機会があれば、ぜひアントニー（あまり触れられませんでしたが、アントニーも大変セクシーな中年男性キャラクターです！）とクレオパトラの、世界を股にかけた不倫を舞台で楽しんでいただきたいと思います。

世紀末の悪女？ 自己実現のため戦うヒロイン？ ゲイのアイコン？
——オスカー・ワイルドの『サロメ』

全裸目当てで見ると悩んでしまう、難しい芝居

他の男はみんないやらしい。でもあなたは美しかった！（オスカー・ワイルド『サロメ』一〇二八―一〇二九行）

この引用はオスカー・ワイルドの戯曲『サロメ』のヒロインの台詞です。聖書を元にしたこの作品は、若きユダヤの王女サロメの激しくも残酷な恋を描くものです。サロメがヴェールを脱いで裸になる「七つのヴェールの踊り」があまりにも有名ですが、実はこのお芝居は人によってほとんど解釈が正反対になり、フェミニスト的なのか性差別的なのかについてずいぶん議論が行われている、なかなか難しい作品です。

『サロメ』は一八九一年にまずフランス語で書かれ、一八九四年に英語で出版されま

した。舞台はユダヤの太守ヘロデの宮廷で行われる宴の一夜です。サロメはもともとヘロデの兄とその妻ヘロディアスの娘ですが、ヘロデがヘロディアスと略奪婚したため、今ではヘロデの義理の娘になっています。

若く美しいサロメは宮廷に捕われている預言者ヨカナーンに一目惚れしますが、ヨカナーンは神の言葉に夢中でサロメのことなんか鼻も引っかけません。ふられたサロメは、絶対にヨカナーンの唇にキスすると誓います。そんなサロメのところに、ヘロデから宴席で踊ればなんでも望みのものをとらせるという申し出があります。サロメはダンスと引き換えにヨカナーンの首を要求し、運ばれてきた生首にキスして誓いを果たします。それを見たヘロデはサロメを殺させます。

『サロメ』というと七つのヴェールの踊り……ということで、一枚ずつヴェールを脱いで全裸になる場面ばかり注目されますが、実は肝心のダンスについてのト書きは「サロメが七つのヴェールの踊りを踊る」（八三一行）という単純なもので、別に服を脱げという指定はありません。アクロバットとかベリーダンスが想定されていたのではないかとも言われていますが、はっきりしたことはわかりません。言ってみれば演出家や振付家に任されているわけで、自由度が高いと言えます。

見る人の数だけあるサロメ像

しかしながら、このお芝居は短いわりには複雑で、全裸目当てで見ると悩んでしまうようなところがあります。前節でとりあげたクレオパトラも観客によって見方が変わる女性像でしたが、サロメもイギリス・アイルランド演劇史上もっとも多様な解釈が可能なヒロインのひとりです。世紀末の女性嫌悪的ファンタジーに満ちた悪女と考える分析もあれば、家父長制に対して反逆する「新しい女」と見なす批評家もおり、さらにこの作品は同性愛に関する戯曲だと考える人もいます。おそらくどの解釈で上演するのも可能です。

一九世紀末の芸術では、男を破滅させる魅力的なファム・ファタルが大流行していました。ファム・ファタルはマゾヒスティックな性的ファンタジーを満足させるキャラクターですが、一方で男性の女性に対する恐怖と嫌悪を体現する女性像でもあります。『倒錯の偶像』で世紀末のミソジニーを鋭く批判したブラム・ダイクストラは、ワイルドのサロメは「愚かな背信と飽くことのない肉体的欲求」（六一〇頁）に突き動かされた「激しくあくどい反女性的象徴主義」（六一四頁）の結晶であり、世紀転換期の凶悪な女性嫌悪の最たる例だと論じています。このような読みに従う場合、『サロメ』はヒロインが偉大な預言者を破滅させた後、ヘロデに殺されることで家父長制的な秩序が回復される非常に性差別的な芝居ということになります。

一方、サロメをフェミニスト的なヒロインととらえる見方は、この正反対といってもいいものです。たとえばジェイン・マーカスは、サロメを世紀末に社会の決まりに反逆したいわゆる「新しい女」（ニュー・ウーマン）だと考えました。つまり、サロメは主体的な性的欲望をもって家父長制に刃向かい、ダンスという男性に強いられた見世物を精一杯自己表現に変えようとするフェミニスト的なヒロインだということです。

同性愛者として弾圧を受けることになったオスカー・ワイルドの一種の分身だという解釈も根強く存在します。私はあまりにも著者の個人的な背景に作品を引きつける批評は良くないと思っているのですが、『サロメ』についてはどうしてもワイルド自身の人生や美学を考えざるを得ないところがあります。ワイルドはのちに『獄中記』草稿で、自分は「芸術において最も客観的な形式として知られている演劇を個人的な表現の方法にした」（*De Profundis*, p. 95）と述べていますが、『サロメ』はワイルドの最も個人的な戯曲で、ヒロインには著者本人のセクシュアリティが投影されていると考えられています。

二〇一七年の夏にロイヤル・シェイクスピア・カンパニーが上演した『サロメ』は、まさにこうしたワイルドのセクシュアリティと作品を結びつけるものでした。イギリスで男性同性愛が合法化された五〇周年記念の演目として作られ、サロメはある種のゲイ・アイコンになりました。ヒロインを演じるのは若い男優マシュー・テニスンで、台詞回しや身のこなしは男の子か女の子かわからないような曖昧さをこめたものになっています。サロメはセクシーな悪女ではなく、純粋で傷つきやすく、セクシュアリティに関する悩みを抱えた子どもで、大人たちがはやしたてる中で男性器を露わにして踊る場面は痛々しいものです。演出家のオーウェン・ホースリーはプログラムのインタビューで、この芝居が「とても直接的に一〇代の観客に語りかける」ものだと述べており、『サロメ』は大人向けの戯曲だという固定観念に挑戦しています。

サロメは美の求道者?

こうした説の中で、上演台本として考えた時、私が一番魅力的で説得力があると考えるのは、最後にあげたサロメをワイルドのある種の分身と見なす解釈です。『サロメ』は芸術に関する芝居であり、ヒロインは絶対に手に入らない男性の愛を求めている美の求道者とみなすことができます。

この作品に登場する預言者ヨカナーンは美しく、サロメはその音楽のような声、白い肌、黒い髪、赤い唇などを口をきわめて褒めちぎります(二八七―三五二行)。しかしながらヨカナーンは自身の美しさにまったく気付いていませんし、サロメを見もしません。サロメは「私のことを見てくれたら、私を愛してくれただろうに」（一〇四九—一〇五〇行）と言っていますが、ヨカナーンは神の声は聞くことができても、現世の美しさを感じることについてはからきしダメです。また、どうやら人を見る目はあまりないようで、ヘロディアスの娘だというだけの理由で、処女で男を嫌っているサロメを堕落した女呼ばわりします。ヨカナーンは自分が持つ美を無駄遣いし、人の美を認識することもできません。一方でサロメはヨカナーンの美を認識するばかりでなく、ダンスで自ら美を創造します。サロメは徹底して美を追い求めているのです。

しかしながら、サロメがヨカナーンに恋するのは、ヨカナーンが圧倒的な美を持つ一方で、サロメの美にたやすく心を動かされない人物だからでもあります。この節の冒頭の引用で述べたように、サロメは男が嫌いです。この背景には、サロメが継父へロデから性的虐待を受けているということがあります。サロメの最初の台詞はヘロデからの性的嫌がらせを告発するもので、「お母さんの夫があんな目で私を見るなんておかしい。もう意味わかんない。ううん、本当はよーくわかってるんだけど」（一二五—一二七行）というものです。この「意味わかんない」という発言は、ヘロデの視線の意図が読めないという意味ではなく、わかりすぎるほどわかっているが、あまりにもおぞましいので認めたくないという心境を示すものです。

若いシリア人ナラボスもサロメに恋しており、まだ幼いサロメは宮廷のさまざまな男たちから性的な目で見られています。そんな中で見つけたヨカナーンは「月のように貞淑」(二六六行)で、サロメが今まで出会った中でも数少ない、自分を嫌らしい目で見ない男です。ヨカナーンはつらい家庭環境に耐えている一〇代の子どもが憧れるにはうってつけの、孤高の雰囲気をたたえた高嶺の花のような人物です。絶対に手に入りそうもない近づきがたさが余計、恋心を燃え上がらせます。

作者の分身としてのサロメ

周りの環境によって性的主体性を奪われ、美しいが自分の手には決して入らない男性を渇望しているというサロメの境遇は、美に最高の価値を置く唯美主義者であり、男性と恋愛関係にあったワイルドの境遇に直接重ねられるものです。

ワイルドは、道徳や社会規範よりも美を重視する芸術的な信念を持っていました。一方、ワイルドが生きていた一九世紀末のイギリスでは男性同性愛は犯罪で、表沙汰になれば社会的に抹殺される可能性もありました。実際、ワイルドは『サロメ』を書いた数年後に同性愛の罪で投獄されることになります。ワイルドにとって男性の美しさは芸術的にも、人生においてもきわめて重要なテーマだったと考えられ、セクシュアリティと芸術家としての美学が強く結びついています。しかしながら、ヴィクトリア朝末期に男性美の追究を実践することは、危険な行為でもあったのです。

サロメはこうしたワイルドの不安と強い美学的信念がいりまじったヒロインと言えると思います。道徳も規範も捨てて美を追い求め、自ら美を創り出すこともするサロメは唯美主義の芸術家です。一方でサロメがヘロデに殺される結末からは、美を求める者を社会が認めず、冷たい仕打ちをすることが示されています。このような美を求めてやまないが報われない芸術家というモチーフは短編「ナイチンゲールと薔薇」など、ワイルドの他の作品にも見られるものです。そしてワイルドは結局、サロメやナイチンゲールのように、美を求めた末、投獄され亡くなるという結末を迎えました。

いささかロマンティックにすぎる解釈だとは思いますが、『サロメ』はワイルドの芸術家としての自覚についての物語だと思います。美と社会の関係を描いた政治的な作品である一方、個人的な不安と信念の披瀝でもあります。そして、おそらく美を求める者は、たとえ社会から冷たくされるとわかっていても、美を求めずにはいられないものなのです。

べ、別にあんたのためにツンデレを分析してるわけじゃないんだからね！
――シェイクスピア『十二夜』を考える

ツンデレを定義する

皆さんはツンデレはお好きでしょうか。漫画、アニメ、ライトノベルなどでよく聞く言葉ですし、なんとなくどういうキャラクターかイメージできる方も多いと思います。この語は多様な使われ方をしており、厳密な定義はなかなか困難です。しかしながら、最近は何でも研究があり、ツンデレについてもちゃんと定義をした学術論文がありました。私が見つけたかぎりでは、次が「ツンデレ」を広くカバーできる定義としてよさそうなものです。

一．周囲、もしくは特定の者に対して気丈、強気な性格、行動をとる
二．特定の人に好意的である、または、何かの基点もしくは時間経過によって特定の人に対する接し方、考えが好意的へ変わる

三．普段の気丈さや強気のために素直に好意を表せないといった行動をとる
（依田直也他「女性ツンデレキャラクター創作支援のためのディジタルスクラップブックの開発」、一一二頁）

ここで注目すべきなのは二番目の要素です。ロマンティックコメディでは、主人公のふたりが最初のうち互いに悪い印象を抱いているが、なんらかのきっかけで気持ちが変わり恋に落ちるという物語がよく採用されます。こうしたプロットは劇的でメリハリがあり、また最初は不機嫌だった若者が愛のせいで優しくなるというギャップは、キャラクターに愛らしさと親しみやすさを与えます。

この節は、ウィリアム・シェイクスピアの代表的な恋愛喜劇『十二夜』をとりあげ、その中でツンデレがどのように描かれているかを見ていきたいと思います。そんな昔の話にツンデレなんて出てくるのか……と思うかもしれませんが、実はシェイクスピア劇からハリウッド映画まで、恋愛コメディの多くは「何かの基点もしくは時間経過によって特定の人に対する接し方、考えが好意的へ変わる」というプロットを採用していています。古典的な恋愛喜劇は、もともとツンデレを発生させやすい構造を有していると言えるでしょう。英国ルネサンスの舞台は、ツンデレをどのように料理したので

しょうか。

『十二夜』におけるツンデレ、オリヴィア

『十二夜』はロマンティックで笑いに溢れた芝居です。ヒロインのヴァイオラは海難事故で双子の兄セバスチャンと引き離され、イリリアという国に上陸します。ヴァイオラは男性のふりをしてシザーリオと名乗り、公爵オーシーノーに仕えることにします。オーシーノーは伯爵令嬢オリヴィアに恋をしていますが相手にされません。オーシーノーはシザーリオを恋の遣いとしてオリヴィアのもとに行かせますが、オリヴィアはシザーリオに恋してしまいます。しかしながらシザーリオは主人オーシーノーに恋をしており、オリヴィアの求愛を受け入れません。

そこへ死んだと思われていたセバスチャンがやってきたからさあ大変。ヴァイオラに瓜二つのセバスチャンは皆からシザーリオに間違われます。セバスチャンをシザーリオと思ったオリヴィアは嵐のように求愛します。美女の告白に心がなびいたセバスチャンはオリヴィアと電撃結婚。これを知ったオーシーノーは、忠実だったはずの小姓シザーリオに恋を横取りされたと勘違いし、激怒します。最後はセバスチャンとヴァイオラが双子で、さらにヴァイオラが本当は女であったことがわかり、オーシーノ

ーとヴァイオラが結ばれて終わります。

『十二夜』というと男装の麗人ヴァイオラが有名なのですが、オリヴィアも非常に重要な役どころです。そしてオリヴィアは、右にあげたツンデレの三つの条件をすべて満たしており、舞台でもツンデレ的キャラクターとして演じられることが多くなっています。

まず、オリヴィアは「周囲、もしくは特定の者に対して気丈、強気な性格、行動をとる」女性です。伯爵家の女相続人で父も兄も亡くなっているため独力で屋敷を管理し、高貴な身分を誇りにしています。ヴァイオラやセバスチャンよりも年上で大人らしい落ち着きがあり、恋愛以外のことについては大変しっかりした性格です。セバスチャンはほぼ初対面のオリヴィアからあまりに急な求愛を受け、オリヴィアは狂気に陥っているのではと一瞬疑いますが、以下のような独り言ですぐにこの考えを否定します。

もしそうなら、
あの人はあんなふうに家を切り盛りし、召し使いに命じたり、
家の用事をあんなにてきぱきと

分別をもって落ち着いてこなしたり片付けたり
できるはずがない。（第四幕第三場一六―二〇行）

どうやらセバスチャンは可愛いだけではなく有能な女性が好みなようで、この時点ではすでにオリヴィアにメロメロで、すぐ求婚を受け入れてしまいます。ふつうならほぼ初対面の女性と結婚するのはおかしいと思うでしょうが、そこがお芝居のマジックです。召使いの前では堂々としているのに恋する男の前では気持ちを抑えられないオリヴィアは演劇的に魅力があり、観客はこんなに可愛らしい女性なら一目惚れもあり得るだろうと思ってしまいます。このセバスチャンの台詞の後、オリヴィアはセバスチャンに求婚します。突然ウェディングドレスを着たオリヴィアが駆け込んでくるなどの突飛な行動を示す演出が行われることもあり、恋のせいでいつもの威厳を忘れて暴走する美女が生き生きと描かれます。

ふたつめのポイント「特定の人に好意的である、または、何かの基点もしくは時間経過によって特定の人に対する接し方、考えが好意的へ変わる」も、オリヴィアは満たしています。第一幕第五場で、オリヴィアは最初、シザーリオをからかったり冷たくあしらったりしますが、主人のかわりに真剣に求愛をするシザーリオを見ているうちに心を動かされます。上演する際は、シザーリオがもし自分がオリヴィアに恋をしたら屋敷の外に柳の小屋を作り、夜な夜な「オリヴィア！」と切ない声で泣き叫ぶだろうと言うところでオリヴィアが表情を変える、というように、オリヴィアが何をきっかけに恋心を抱くようになったかはっきりわかるような演出をすることもあります。

三つめのポイント「普段の気丈さや強気のために素直に好意を表せないといった行動をとる」は、右の場面の直後に出てきます。シザーリオに恋い焦がれる一方、身分や見栄が邪魔して率直な告白ができないオリヴィアは、執事マルヴォーリオを呼びつけ、嘘をついてシザーリオの気を引こうとします。オリヴィアはマルヴォーリオに自分の指輪を渡し、これはオーシーノーの贈りものとして押しつけられた指輪で、それを返しに行くためシザーリオを追ってくれと頼みます。シザーリオは指輪など渡していないのでこのマルヴォーリオのお遣いに驚きますが、どうやらオリヴィアが自分に恋をしたようだと気付いて愕然とします。この無茶苦茶な行動の後、オリヴィアは覚悟を決めたのか、「デレ」に転じてシザーリオに接するようになります。

デレデレが報われない『十二夜』の世界

この戯曲で面白いのは、デレデレが一切、報われないことです。オリヴィアもオーシーノーも、デレデレの直接の対象から愛を返してもらうことができず、他のところに真の愛を見つけます。

シザーリオはまったくオリヴィアに愛を返さず、オリヴィアのツンデレぶりが報われるのは絶望的です。堀あきこは、現代日本マンガのツンデレ表象について「「女性キャラに翻弄される男性」という「関係」を読者が楽しむという構造」（二二七頁）を指摘していますが、『十二夜』には男性がツンデレ女性に対してある種の好意を抱いて翻弄されてしまうという要素がありません。オリヴィアのツンデレは一方通行です。ところが、オリヴィアは勘違いをきっかけにセバスチャンと結ばれて幸せを得ることができます。

オーシーノーのデレデレもオリヴィアのツンデレ同様、報われません。実はオーシーノーはいわゆるヤンデレ男子で、断られてもしつこくオリヴィアに求愛し、矛盾した発言をするなど、恋煩いでほぼ理性を失っています。第一幕第一場で、兄の喪に服すため毎日泣いて暮らすので求愛は断るという返事をオリヴィアからもらったオーシノーは、そんなに情熱的な女性ならオレを愛してくれたらどんなに素晴らしい恋人になってくれるだろうか……と、ドン引きするような妄想をはじめます。恋のせいで人は馬鹿になるものですし、シェイクスピアの時代の人々はいかに恋が人の判断力を失わせるかに強い関心を抱いていました。このためオーシーノーの恋煩いは容赦なく描かれています。オリヴィアは自分が恋のせいで理性を失っていると自覚していますが（第三幕第四場一四行）、オーシーノーは自覚がないぶん余計始末が悪いヤンデレです。しかしながらデレデレの対象であるオリヴィアがセバスチャンと結婚してしまった後、オーシーノーはもっと似合いの相手であるヴァイオラに真の愛を見出すことができました。オリヴィアにとってもオーシーノーにとっても、愛はデレデレの先にはなく、別のところで見つかるのです。

恋を隠しており、主要登場人物の中では最もデレデレしていなかったヴァイオラは、最初から愛していたオーシーノーの心を得ることができます。恋によって理性を失わなかったヴァイオラが'his fancy's queen'（第五幕第一場三八一行）つまり恋の女王様になって終わるこの作品は、デレデレの危険性を諷刺していると言っていいかもしれません。恋のせいで人は馬鹿になりますが、馬鹿みたいにデレデレしていては幸せはやってこないのです。

この戯曲では、登場人物のジェンダーによって恋煩いに描き分けがあることも注目すべきでしょう。オーシーノーは恋の病のせいで恋愛喜劇の主人公にしては目も当てられないほどの勘違い野郎になってしまっていますが、一方でオリヴィアは自分が恋の病にかかっていることを自覚しつつ溺れており、ヴァイオラは最も抑制的です。女性のほうが男性よりも恋についてまだいくぶん理性が働くという描き方になっており、これは演出の際にポイントになります。

ストックキャラクターの功罪

ツンデレとかヤンデレといったキャラクター類型は「ストックキャラクター」と言われます。これはフィクションにおいて、なんらかの伝統や型に基づいた形で繰り返し登場するキャラクターのことです。たとえば歌舞伎に登場する「赤姫」はストックキャラクターの一種で、赤い着物を纏った恋するお姫様を指します。蜷川幸雄が歌舞伎を取り入れて演出した『十二夜』ではオリヴィアが赤姫として赤い衣装で演じられていましたが、観客は見た瞬間「あ、このお姫様は恋に落ちるんだな」とわかるわけです。

こうしたストックキャラクターは、新しいもののように見えても意外に伝統に基づいていることがあります。現代のツンデレやヤンデレに近いキャラクターはすでに『十二夜』のような古典的な戯曲に見出せます。『十二夜』のようなシェイクスピアの時代の芝居には、恋をすると人は馬鹿になるという人生に対する諦めが裏に潜んでいます。現代日本のツンデレからルネサンスの人生訓を見出すのは少し難しいかもしれませんが、機会があればぜひ、恋の病に関する英国ルネサンスの知恵を思い浮かべながらツンデレを見てほしいと思います。

ストックキャラクターは伝統を利用して見た目や仕草などでお客にその人物の性格をわかりやすく伝えられるため、作劇上便利なツールです。一方で容易にステレオタイプに陥りやすいという危険性をもはらんでいます。たとえばフェミニスト批評においては、「ファム・ファタル」（男性を破滅させる魅力的な女性）や「ブロンドちゃん」（金髪で何も考えていない美女）といった女性のストックキャラクターが、ネガティヴなステレオタイプに陥っていることがしばしば厳しく批判されています。しかしながら、ステレオタイプに陥りそうなキャラクターであっても、ひねりを加えることで独創的な物語にすることは可能です。デレデレがまったく報われない『十二夜』も、ツンデレやヤンデレを見慣れた現代の観客であれば、可愛いけれども少しほろ苦い、ひねりの利いた芝居として見ることができるでしょう。シェイクスピアは現代人も楽しめるところがたくさんありますので、興味を持った方は劇場に足を運んでみてください。

ディズニーに乗っ取られたシンデレラ——民話の変貌をたどる

シンデレラを探る

皆さんはシンデレラのお話はお好きですか? シンデレラというと、一九五〇年のアニメ映画『シンデレラ』を想像する人が多いと思います。お城に素敵なドレス、舞踏会、王子様との結婚……という内容は女の子の憧れをかきたてる内容で、とても人気があります。

一方でこの映画は、題名を聞いただけでうんざりするという人がいるくらい、嫌われている作品でもあります。大人しく受動的なヒロイン像、結婚が女性の幸せのすべてであるかのような展開、意地悪で可愛くない義理の姉たちの容姿差別的な描き方などは厳しく批判されており、『ウォール・ストリート・ジャーナル』の映画記事では「ディズニープリンセスの中でも最も退行的なファンタジー」だと言われてしまいました。ディズニーはおそらくこうした批判に答えるべく、二〇一五年にケネス・ブラナーを監督に、リリー・ジェームズやケイト・ブランシェットなど女性に人気のある女優をキャストに迎えて実写版を作りましたが、新解釈が加えられているにもかかわらず、それでも古くさいという批判は免れませんでした。

しかしながら、『シンデレラ』はディズニーの所有物ではありません。それ以前から長く語り継がれていた物語です。ディズニーがこの話を型にはまったお姫様ファンタジーにしてしまう前には、もっと多様な形の物語が流通していました。ディズニーがいかに民話を歪めてしまったのかを知るべく、シンデレラのもとになったお話をたずねていきたいと思います。

ルネサンス～バロックの強烈なシンデレラ

シンデレラに似た民話、つまり虐待されている若い女性が苦労の末、なんらかの助けを受けて幸せな花嫁になるという形のお話は、世界中に広く分布しています。多少形は違いますが、古代地中海世界で流通していた高級娼婦ロドピスの物語が、現在残っているシンデレラ型の話としては一番古いのではないかと言われています。中国の「葉限(しょうげん)」というお話は現在我々が知っているシンデレラに近い内容ですが、九世紀までさかのぼることができます。

ヨーロッパで、文献として残っている最も古いシンデレラ物語は、ナポリの文人ジヤンバッティスタ・バジーレが一七世紀初め頃に記したものです。バジーレによる民話集『ペンタメローネ』（五日物語）は著者の死後である一六三四年から一六三六年にかけて刊行されました。これはルネサンスの生き生きした人間描写が楽しめる作品集で、二〇一五年には一部が『五日物語——三つの王国と三人の女』として映画化されています。この映画には入っていませんが、『ペンタメローネ』一日目第六話の「灰かぶり猫」（チェネレントラ）はシンデレラの物語です。

「灰かぶり猫」のヒロインであるゼゾッラは、ディズニーのヒロインとは似ても似つかない強烈な女性です。ゼゾッラはナポリ大公の娘で継母にいじめられており、自分を可愛がってくれる裁縫の家庭教師カルモジーナと共謀して、衣装箱の重いフタを使って継母の首を折って殺害します。大公はゼゾッラのすすめでカルモジーナと再婚しますが、この新大公妃は連れ子である六人の娘とともに宮殿で我が物顔にふるまい、手のひらを返すようにゼゾッラを虐待して灰かぶり猫と呼ぶようになります。

大公が公務で出かけた際、ゼゾッラは妖精にことづけを頼みます。妖精はゼゾッラに金色のナツメの木とそれを育てる道具を贈ります。ゼゾッラがこの木を植えて大事に世話すると、中から妖精が出てきてドレスなどを提供してくれるようになります。ゼゾッラはそれを着て出席したパーティで王の目にとまります。王はゼゾッラの足から脱げてしまった木靴の片方を手がかりに謎の美女を探そうと決め、ナポリ中の娘に靴を履かせて最後にゼゾッラにめぐりあいます。

この話のポイントとしては、登場人物に名前があり、民話にしては人物の性格がはっきりしていることがあげられます。ゼゾッラは何しろ最初の継母を殺害していますし、いろいろな手管で王の気を引いたり、出し抜いたりする機転の利くセクシーな女性です。王がゼゾッラを見つけるくだりでも、「一目でお目当ての乙女とお分かりでしたが、そこは黙っておいて」（バジーレ、訳書七〇頁）ゼゾッラに靴を履かせるパフォーマンスをするという描写があり、現代人がよくシンデレラ物語に抱く「なんで顔を見るのではなく靴で探すのか」という疑問を払拭してくれる辻褄合わせもしています。おそらく、優れた詩人だったバジーレが、ルネサンス末期からバロック初期の趣味にあわせて力を込めて味付けしたのでしょう。

ペローとグリム

ゼゾッラはディズニープリンセスとはかけ離れたたくましい女性でした。しかし一六九七年に出たシャルル・ペローの童話集ではディズニーに近いヒロインが出てきます。

ヒロインである「灰っ子」ことサンドリヨンは「ほかに例のないほど優しい、親切な心の持主」（ペロー、訳書二一二頁）です。泣いていたら名付け親にあたる仙女が助けに来てくれるだけであまり行動的ではなく、復讐をたくらむこともなく、自分をいじめたふたりの姉によい縁談を世話してやることまでします。ペロー版では最後に美しさより良い心がけを大事にすべきだとか、名付け親選びは重要だということを説明する教訓的な詩がついていて、この教えに沿った内容になっています。ガラスの靴が登場することも含めて、ディズニーの映画はペローの影響を強く受けています。

一八一二年に初版が刊行され、一八五七年まで何度か改版された『グリム童話』に収録されている灰かぶりの物語は、バジーレ版とペロー版の両方に似ているところがありますが、違いもあります。グリム版はヒロインの実母が病気になり、天国から娘を守ってやると言い残して亡くなるところから始まります。父が外出した際におみやげとして木（グリム版ではハシバミ）をもらうところはバジーレに似ていますが、灰かぶりはこれを母の墓に植えて涙で育てます。そのおかげでこの木にとまる鳥が灰かぶりの言うことを聞いてくれるようになり、ヒロインはドレスや靴を出してもらってパーティに出かけます。鳥が出してくれた金の靴の片方が王子の手にわたり、この靴が合う女を王子の花嫁にしようということになります。灰かぶりの継母は実の娘ふたりの足を切って無理矢理靴を履かせようとしますが、鳥たちが王子に告げ口して工作がバレてしまいます。さらに王子と灰かぶりの結婚式では鳥たちがこの義理の姉妹たちの両目をつついて失明させてしまいます。

グリム版の鳥たちの働きはとくに灰かぶりが命じたものではないのですが、展開からして亡くなった実母の怨念のようなものが鳥たちを動かしてヒロインを守っているらしいことが推測できます。また、ハシバミの枝を母の墓に埋めるというのは遺産を受け継ぐことを象徴しているのではないかと言われており、グリム版は灰かぶりが奪われていた母の遺産を取り戻して成功する物語として解釈できます。グリム版では、母と娘の絆が比較的強調されていると言ってよいでしょう。

シンデレラの仲間たち

文献に残っているヨーロッパのシンデレラ物語として有名なのは右にあげた三作ですが、他にもシンデレラに似たお話はたくさん各地に残っています。

民話を研究する際には、共通の要素に着目して類型で分類するやり方がとられており、アールネ・トンプソンのタイプ・インデックスという分類方法がよく使われています。この分類法では、シンデレラは大分類「魔法の話」の下の「超自然的な援助者」というサブカテゴリに入っており、「迫害されたヒロイン」という見出しのもとに五一〇Aという分類番号が与えられています。この五一〇Aにあたるお話は日本の「糠福米福」とか、いろいろあります。

五一〇は虐待された娘が魔法などの助けで成功するまでを描く話です。サブカテゴリの五一〇Bは「不自然な愛」という分類で、父親から要求される過大な愛情に応えられず、身をやつして家を出た娘が、不思議な力に助けられ、幸せな結婚をするというような物語が入っています。父親が三人の娘の愛情を試そうとした結果、賢い末娘を追放してしまうイギリスの「いぐさずきん」とか、父親から結婚を申し込まれた娘がロバの皮をかぶって逃げるフランスの「ロバの皮」などがこの分類に入ります。

この系統の話は近親相姦などの要素があってちょっとえぐいのでシンデレラほど人気がないかもしれませんが、いくつか有名な翻案があり、『ロバの皮』は一九七〇年にジャック・ドゥミ監督、カトリーヌ・ドヌーヴ主演で『ロバと王女』として映画化されています。また、シェイクスピアの『リア王』の冒頭部分はこの「いぐさずきん」系の民話から影響を受けたもので、実は『リア王』とシンデレラはお話の分類では遠い親戚にあたります。ディズニーの『シンデレラ』を見慣れていると、『ロバの皮』や『リア王』とシンデレラに似たところがあるなどというのはほとんど気付かないのですが、よく考えると実は親戚なのです。

牙を抜かれたシンデレラ

こういうわけで、ディズニーの『シンデレラ』以前には、世界各地にいろいろなシンデレラのお話があり、グロテスクなものから教訓的なものまで、多様なお話が流通していました。しかしながら、ディズニー映画にはこうした豊かな民話の痕跡がありません。二〇世紀半ばのアメリカでは家庭的な女性が理想化されるきらいがありましたが、それにあわせてヒロインであるシンデレラは継母を殺したり、虐待に復讐したりするようなことはまったく考えもしない、優しい娘になったのです。作中で歌われる「夢はひそかに」という歌では、シンデレラは静かに夢を見て王子様を待っているだけです。母から娘への遺産の継承という女性間のつながりも薄められています。ディズニープリンセスの主力としてディズニーがシンデレラに関するさまざまな商品を売っています。世界中の女性がそんなシンデレラに憧れたり、反発したりするようになりました。シンデレラはディズニーの商品に成り下がってしまったのです。

ディズニー以降にもっと斬新なシンデレラ像を提示しようとした試みもあります。代表例が一九九八年の映画『エバー・アフター』です。これはとある貴婦人がシンデレラの別バージョンをグリム兄弟に教えるという枠の作品です。そのお話というのは、一六世紀のフランスを舞台に、たくましく聡明であるものの継母にいじめられているダニエル（ドリュー・バリモア）が、さまざまな困難を自力で乗り越えながら王子と結ばれるという内容になっています。ダニエルは性暴力にあいそうになってもめげずに自分で戦う強いヒロインで、王子との恋は階級社会への挑戦として描かれています。レオナルド・ダ・ヴィンチがダニエルに協力してくれるなど、時代設定を生かしたひねりもたくさんあります。

シンデレラは豊かな民話の伝統に支えられた物語であり、いくらでも再解釈できる可能性を秘めていると思います。『五日物語』や、二〇一二年にスペインで作られたモノクロ・サイレントの白雪姫映画である『ブランカニエベス』など、民話をもとにした斬新な映画が作られるようになっている中、シンデレラもそろそろディズニーの影響から脱した解釈や探求の対象になってもよいと思います。ディズニーに騙されてシンデレラを毛嫌いしてしまったり、ロマンティックなだけのお話だと思ったりせずに、ぜひ民話の世界に踏み込んでみてほしいと思います。

理想宮か、公共彫刻か？――『アナと雪の女王』

なぜ私はディズニーが嫌いなのか

前節のシンデレラに関するエッセイをお読みになった方ならなんとなくおわかりかと思いますが、私はディズニーが好きではありません。この節では新しいディズニープリンセス像を提示した作品として、二〇一三年に制作された『アナと雪の女王』を分析していきたいのですが、その前になぜ私はディズニーが嫌いか、ということを少しだけお話ししておきたいと思います。

私がディズニーを嫌いなのは、ディズニーはシンデレラや白雪姫など、人類共有の遺産としての民話や古典を再利用しまくることでお金を稼いできたのに、他のクリエイターにはなかなか自分の著作物を自由に使わせたがらないからです。一九二八年に登場したミッキーマウスはもうとっくにアメリカでの著作権が切れて他の芸術家が使えるキャラクターになっているはずですが、ディズニーはミッキーの著作権が切れそうになるたびに運動して著作権を伸ばしてきました。二〇二四年にやっと最初のミッキマウス映画『蒸気船ウィリー』の著作権が切れてヴィンテージデザインのミッキーがパブリックドメインになりましたが、それでもいろいろまだ制限があります。ディズニーは基本、夢とか魔法の話をするだけで、自由には興味がない会社だと思っています。

『アナと雪の女王』は一見、自由を訴える作品に見えます。しかしながら、この作品が提示している「自由」は非常に限定されたものではないか、というのが私の考えです。ここでは、『アナと雪の女王』がなぜ見かけほど「自由」な話ではないのかについて分析していきたいと思います。

隠れた力が象徴するもの

『アナと雪の女王』のヒロイン、エルサは雪や氷、冷気を操る力を持って生まれた王女です。もうひとりのヒロインである妹のアナをうっかり傷つけてしまったことをきっかけに、エルサは城に閉じこもり、力を隠して生きるようになります。シャイなエルサと陽気なアナ、対照的な姉妹が自分らしく生きられる道を見つけるまでを、音楽をまじえてドラマティックに描きます。

この作品は、王子様と結ばれることを解決としない革新的なディズニープリンセスの物語、姉妹の連帯や友愛をテーマとするフェミニズム的な作品として高く評価されました。エルサの声を担当するイディナ・メンゼルが歌う、主題歌的な位置づけの"Let It Go"も覚えやすいメロディとパワフルな歌詞で高い人気を誇っています。興行的に大成功しただけではなく、批評の点でも非常に関心を集めた作品で、二〇一五年にはこの映画だけをテーマにした学会がイギリスのイースト・アングリア大学で開かれました。

エルサはさまざまな角度から読むことができる芸術的な曖昧性を持ったキャラクターです。良い芸術作品というのは、大勢で鑑賞してもまるで自分だけに語りかけてくれているかのように感じるものです。『アナと雪の女王』も、見る人によって芸術家の話だったり、身体障害の話だったり、児童虐待にあった子どもの話だったりします。

こうした中、アメリカのセクシュアルマイノリティのコミュニティでは、『アナと雪の女王』は同性愛や無性愛（アセクシュアリティ）、ジェンダーアイデンティティの物語として受け取られました。私も初めて映画を見た時、エルサはディズニープリンセスとしてはかなりクィアなヒロインだと思いました。まず、エルサは作中で一切、異性愛とかかわりません。プリンセスなのに求婚者すらいませんし、作中では男性との恋愛に一切興味を示しません。アナが男の子にのぼせ上がっていることについては冷めたコメントをしていますし、最後は異性との恋愛なしに家族愛や友愛だけで幸せで満ち足りた状態になります。アナが恋をしたハンス王子が突然デートDV男に変身するという、一見突拍子もないように見えて一〇代の若者にとってはひょっとしたらかなりリアルなのかもしれない展開も含めて、この映画は異性愛に対する幻想を打ち砕いているところがあります。

さらに、エルサが社会から排斥される理由となる氷の魔力は、肌の色や目に見えるような身体障害とは違い、視覚的に「あ、あの人は他の人と違うな」とすぐ判別できるようなスティグマではありません。隠しておけば誰からも気付かれずに暮らせる可能性もあるものです。同性愛者が異性愛者として暮らすなど、差別を受けている少数派が社会的に自分を多数派として通用させることを「パス」あるいは「パッシング」と言います（この言葉は、少し文脈が違いますが、人種やジェンダーアイデンティティにも使います）。エルサの力は隠しておけば十分社会的にパスしうるものであって、これはかなりセクシュアリティによる差別を連想させます。

同性愛がイギリスで違法だった時代、オスカー・ワイルドの恋人だったアルフレッド・ダグラスが詩「ふたつの愛」で「その名を口にできぬ愛」という言葉を使って以来、同性愛は文芸において「口にできない」'unspeakable' ものとされてきました。

二〇一一年まで、アメリカ軍では同性愛について'Don't ask, don't tell'、つまり「聞かざる言わざる」という、同性愛者であることを黙っていれば軍に入隊ができるというポリシーがありました。英語圏の文化において、同性愛というのは長きにわたり、隠されたものとして扱われてきたのです。

エルサが歌う'Let It Go'の英詞を見ればわかるように、氷の魔力は「隠しておけ、感じるな、人に知らせるな」'Conceal, don't feel, don't let them know'というモットーのもとに秘密にされてきたもので、このあたりはアメリカにおける同性愛の扱いを思わせます。エルサはこれを隠すために宮殿の内宮に軟禁されているわけですが、これも「クローゼットに入っている」という英語の表現につながります。英語では、'in the closet'とか'closeted'、つまり「クローゼットに入っている」で「同性愛者であることを隠している」という意味です。「カミングアウト」という言葉は日本語に入っていますが、もともとは「クローゼットから出る」'come out of the closet'（カム・アウト・オヴ・ザ・クローゼット）で「同性愛者であることを明らかにする」という意味でした（他のことにやすやすと使っていい表現ではありません）。エルサは結局、自分の力をクローゼットにしまっておけなくなり、パスできなくなるわけですが、バレてしまったら化け物扱いされる、というのもエルサの魔力と同性愛の共通点です。

エルサは"Let It Go"を歌いながら山に引きこもって変身してしまうわけですが、突然ドラァグクイーンかバーレスクパフォーマーみたいなオシャレなドレスに着替え、さらにものすごいクリエイティヴィティを発揮して立派な氷のお城を創作します。ゲイやレズビアンはクリエイティヴだというステレオタイプがありますが、この映画はこのステレオタイプを利用しているように見えます。姉を探しにきたアナはオシャレになったエルサに会った時、その変わりようにびっくりしますが、ここはカミングアウトして家出した家族に久しぶりに会ったらゲイっぽくキャンプでアートな感じに大変身していた、みたいな感じのシチュエーションです。

こんなエルサを悪役として描かず、魅力のあるヒロインとして最後は解放するあたり、この映画はある程度までは人と違うことに関する「自由」についての映画です。しかしながら、私はこの話はそこまで自由な話ではないと思います。それはエルサの魔力が結局、社会に還元しなければ価値がない、というような方向に着地するからです。

エルサが人里離れた雪山に逃げ込んで作った氷のお城はびっくりするほど綺麗です

が、一方で異界に属する危険なものでもあります。二〇世紀初めに、一切建築の勉強をしたことがなかったフランスの郵便配達人であるフェルディナン・シュヴァルが非常に個性的な建物を自力で作り、これは「シュヴァルの理想宮」として有名になりました。オーソドックスな美術の教育を受けていないエルサが作った氷のお城は自分だけの理想宮であり、アウトサイダーがひとりで勝手に作った凄いもの、孤独の産物としての芸術作品です。

別に人間嫌いなのは悪いことではないですし、そういう人を無理矢理コミュニティに組み込もうとするのは余計なお世話です。エルサが山でこういう個性的な芸術作品を日々洗練させながら、雪だるまを相手にひとりで世間を呪って暮らしていってもいいんじゃないかと思います。でも、この話ではそうは問屋が卸しません。力の暴発のせいで故郷までもが氷に閉ざされてしまったため、エルサはこれをかつての状態に回復させるという社会的責任を負うことになります。エルサは妹との家族愛の絆にも助けられ、どうにか女王としての責務を果たして、公共圏にもとの気候を取り戻します。映画の最後で、エルサは魔力を用いてスケートリンクや氷の彫刻を作るようになります。孤独の中で作った氷の城がどんなに凄くても、結局はうち捨てられる運命でした。

つまりこの映画では、自由を謳歌し、階級や社会が求める役割から離れて、人と違うことによって生じるものすごいクリエイティヴィティを自分のための芸術作品に費やすよりは、市民のためにちょっとベタな感じのスケートリンクとか公共彫刻を作ることが評価されるのです。これは好みの問題ですが、私はこういう、マイノリティは必ず包摂(ほうせつ)して世間に対する責任を果たしてもらわなければいけないし、ひとりは寂しいから社会や家族とかかわってこそ幸せ、みたいな落とし方はちょっと押しつけがましいと思います。

アメリカの子ども向け映画においては、こういう脅威になりうる特異な才能を持った人を社会に取り込むのが必要だ、というのは繰り返し出てくるテーマです。たとえばドクター・スースが一九五七年に刊行した絵本『グリンチ』はアメリカで愛され、何度も映画化されている作品ですが、これはクリスマスを楽しむ人々からプレゼントを盗もうとする人間嫌いの主人公グリンチを、村人たちがなんとかコミュニティに迎え入れようとする物語です。二〇一八年にイルミネーションが制作したアニメ版の映画では、発明家として素晴らしい才能を持っているグリンチが、その技術を嫌がらせではなく、過労のシングルマザーのための家事自動化に活用するようになるという話になっています。エルサやグリンチのようなキャラクターが愛されるのは、おそらく生まれ持った才能、神から賜ったものとしての才能（英語で才能は「贈り物」を表す

gift と言います)は独り占めしたり、悪いことに使ったりするのではなく、人々のために使わなければいけないという考え方が、独自の信仰を擁するキリスト教国であるアメリカに根強いからかもしれません。
　こんな内容だった『アナと雪の女王』ですが、二〇一九年に作られた続編『アナと雪の女王2』はまるでディズニーが私のような観客の不満に応えようとしたかのような作品です。結局、エルサには公共圏での政治的なお仕事は向いていなかったね！みたいな展開になります。けっこうとっちらかった作品ではありますが、ディズニーがいろいろな価値観を反映しようと試行錯誤しているのはよくわかる内容です。

コラム 北米のシェイクスピア祭

北アメリカの地方都市では、シェイクスピアを中心にいろいろなお芝居を夏に上演するシェイクスピア祭が盛んです。

北米で一番規模が大きいのはカナダのストラトフォードで行われているストラトフォード・フェスティヴァルで、ここはシェイクスピアが生まれたイングランドのストラトフォード＝アポン＝エイヴォンと名前が同じだからということで、町おこしのためにフェスティヴァルを始めたそうです。高いクオリティの上演に、学会も併催されています。アメリカ合衆国では、オレゴン州アシュランドのオレゴン・シェイクスピア・フェスティヴァルが最大規模で、他にもいろいろな街でシェイクスピア祭を実施しています。

こういう舞台芸術フェスティヴァルでは、お昼のマチネと夜のソワレの本公演以外に、バックステージツアーとか、お客さんが好きなことをディスカッションできるセッションとか、役者や裏方がいろいろなことを教えてくれるセミナーとか、子ども向けの野外ショーとか、いろいろなイベントが行われます。マチネとソワレを見る以外に、朝からいろんなイベントに出て、舞台芸術について楽しみながら学ぶことができます。ストラトフォード・フェスティヴァルにはこれまでのプロダクションで使った道具と衣装をほぼまるごとおさめてある巨大な倉庫があり、新作を作るキャストやスタッフが昔の備品を使えるようにしてあるのですが、ここも申し込めば見学できます。

こうしたところで上演を見ていると、もともと男優がやる役を女優がやっていた

ユタ・シェイクスピア・フェスティヴァルの劇場

り、白人という設定だと思われる役を非白人の役者がやっていたりすることがたくさんあります。役者は自分ではない人を真似るのが仕事なので、上手な役者ならまったく違和感はありません。とくにシェイクスピア劇は、書かれた時にはオールメールの劇団を想定していて優れた女形（当時は声がわり前の少年が女役を演じており、大人に比べて女形は経験を積んでいませんでした）の調達が難しかったこともあり、女役が少ないのですが、最近は女性の雇用機会を増やすため女優が男役をやることも多くなっています。私が二〇一八年の夏にシーダーシティで行われたユタ・シェイクスピア・フェスティヴァルで見た『ヴェニスの商人』は、シャイロック役がリサ・ウォルピという女優さんでしたが、あまりにも上手だったので最初は女優だと気付かず、後で気付いて驚いていたお客さんもいました。今まではあまりもらえなかったようなタイプの役を女優さんが演じて新境地を切り開くのを見るのは楽しいことです。また、近年はトランスジェンダーやノンバイナリの役者の起用も増え、新しい才能が出てきているのもうれしいですね。

4 わたしたちの歴史を知ろう

神々は、男が死ぬ前に楽しめる贈り物を二つくださった。ヤられたいなと思ってる女とヤるスリルと、自分を殺りたがってる男を殺るスリルだ。

性欲を歴史的に考える

右の引用はHBOのテレビドラマ『ゲーム・オブ・スローンズ』第三シーズン第八話で、傭兵集団のメンバー、ダーリオ・ナハーリスが買春について言うセリフです。ダーリオはその気になったイイ女とヤるのが大好きで、他の傭兵のように強姦や買春に興味がありません。ダーリオは荒くれ者で別にフェミニストや紳士というわけではないのですが、陰惨な性暴力や虐待が横行する『ゲーム・オブ・スローンズ』の世界ではこれだけでわりと倫理的に見えます。

しかしながら実のところ、ヤる気まんまんのエロくてイイ女というのは、現代日本ではあまりそそらない表現なのかもしれません。日本の漫画やアニメなどでは、恥じらう女性がやたらと性的なアイキャッチのように使用されているというのはよく指摘されることです。中崎亜衣は「ジャンプのお色気、少コミのエッチ。裸かどうかではなく、女性キャラの反応に共通する記号」という記事で、「週刊少年ジャンプ」の巻頭に掲載された「赤面したり涙目になったりしている女性キャラ」のセミヌードの絵を分析していますが、この論考は「日本におけるエロ描写のパターンのほとんどが〈嫌がったり、拒んだり、恥ずかしがったり、涙目になっていたりする女性〉という〝エロコード〟を含んでいる」ことを指摘しています。つまり、自信満々で肉体を披露するのではなく、強要やいたずら、アクシデントなどで体が露わになり、嫌がっている女のエロさを愛でる表現が日本にたくさんあるということですね。

女が主体性やポジティヴな性欲を持って自分の肉体で自己表現するのと、主体性を剝ぎ取られて鑑賞の対象にされることの間には同じエロでも大きな差があります。後者のような表現が流行する背景には、女は慎ましくして性欲を持ってはいけない、自分の意志で堂々と美貌や肉体をアピールしてはいけない、という潜在的な抑圧が潜んでいます。

右の記事では日本の漫画をとりあげていますが、実はこのような強要されて嫌がる女をエロいとする傾向にはかなり込み入った歴史的背景があります。この節では、私の専門であるイギリス文学で女の性欲がどのように描かれてきたのかを簡単に解説したいと思います。一般化は難しいのですが、いわゆる英文学の「正典」と呼ばれているような有名作に絞ってざっくり概観します。

中世から近世の文学に登場する性欲満々の女たち

現代日本では、性欲は男の本能なので抑制できないとか、女には理解できないくらい男の性欲は強い、というようなことがよく言われていますが、こういう認識は多分に歴史的に作られたものです。

古代から中世のヨーロッパの人々は、女のほうが男よりも肉体の誘惑に弱い、つまり性欲が強いと思っていました。聖ヒエロニムスは「ヨウィニアヌスへの駁論」という文章で、「娼婦や姦婦だけではなく、女の情愛は一般に飽くことを知らぬものとして非難される。消せば燃え上がり、たくさん与えればまたほしがる」（五九四頁）と、女の情欲をボロカスに言っています。中世の人々が女の性的主体性、つまり性欲を持ち、ムラムラしたり意中の相手を口説いたりする権利を認めていたというわけではありません。中世キリスト教は、女は男より意志が弱く劣っているので、結婚で性欲を管理しないといけないという性差別に基づく考えを持っていました。

私が専門にしているウィリアム・シェイクスピアは中世ではなく近世の劇作家ですが、シェイクスピア劇でも女は性欲を持っています。『アントニーとクレオパトラ』のクレオパトラは抜け目ない政治家である一方、性欲全開でやることなすことなんか全部エロい、セクシーな中年女性です。『ハムレット』ではハムレットが母ガートルードについて「弱き者よ、汝の名は女なり」（第一幕第二場一四六行）と言いますが、ここで想定されている主要な女の弱さは性欲に負けることです。真面目ちゃんのハムレットは、中年になっても色っぽくてすぐ再婚した母の性欲が嫌なのですね。

性欲満々なのは子持ちの中年女性ばかりではありません。初恋に身を焼く清楚な乙女にも性欲があります。『お気に召すまま』のヒロイン、ロザリンドは、一目惚れの相手オーランドーがいなくて憂鬱なのですが、いとこで親友であるシーリアに追放の身であるお父様のことが心配なのかと聞かれて「ううん、私の子どものお父様のことなの」（第一幕第三場一一行）と露骨にセックスを想像させる言葉で恋を打ち明けています。

『ロミオとジュリエット』でも、ジュリエットは自分からロミオに求婚し（第二幕第二場）、早く初夜が来ないかと待ち遠しくてなりません（第三幕第二場）。近世のイングランドでは婚前交渉を行った女性は社会的に抹殺されるリスクがあったのですが、少なくともお芝居では清純な乙女が結婚を考えている恋人にムラムラするのは悪いことはされておらず、性欲は乙女心の一部です。

性欲がないのにエロく描かれる、近代小説のヒロイン

わりと性欲旺盛だったイギリス文学のヒロインですが、近代小説が発展し始めるとともに性欲を露わにしなくなっていきます。いったい何が起こったのでしょうか。

この謎については、近代イギリス小説の始まりを論じた『小説の勃興』でイアン・ワットが興味深い分析をしています。一八世紀のイギリスでは個人主義的な倫理観が尊ばれるようになり、理性によって衝動を抑えること、とくに男女ともに性的に純潔であることが「至高の美徳」（訳書二一八頁）と考えられるようになりました。純潔は男女両方に適用される規範なので、仕事や学問で才能を発揮する機会がきわめて限られていた女性でも、この分野では優れた模範になるチャンスがあります。

さらに一八世紀末のイギリスでは、宮廷や貴族など上層の階級で性が乱れていると考えられており、ビジネスで富を得た新しい中産階級はこれに対抗する潔癖な性道徳を称揚しました。結婚についても情熱や欲望ではなく、理性や友情が尊ばれるように

なりました。ワットによると、「新しいイデオロギーは女性にまったく性的感情をもたないでもよしとした」（訳書二三三頁）そうで、女性が性的なことを口にするのもはしたないこととされるようになりました。

こうした中でイギリス文学のトレンドを大きく変えることとなったのが、サミュエル・リチャードソンの長編小説『パミラ、あるいは淑徳の報い』（一七四〇）です。亡き女主人の息子B氏に目をつけられたヒロインであるメイドのパミラは、婚前交渉などもってのほかということで誘惑を拒みます。パミラを誘拐、監禁しレイプしようとすらしたB氏ですが、結局はパミラの貞淑さに感化されて正式に結婚することになります。今読むと、単なるセクハラクズ野郎のB氏が、改心したとはいえパミラの夫におさまるのはあまりにも強引でずいぶん古い話に思えますが、書簡体を用いたリアルな心情表現は近代イギリス小説の嚆矢（こうし）というにふさわしいものです。

パミラのある種の新しさとして、性的な潔癖さがあります。パミラはシェイクスピア劇のジュリエットやロザリンドに比べると全然、性欲を示しません。同じ近代小説の作家ではあるもの、もう二〇年ほど前に活躍したダニエル・デフォーのヒロインであるモル・フランダーズやロクサーナに比べても、かなり謹厳です。『パミラ』は大ブームになり、模倣作が次々と生まれ、大きな影響力を持つようになりました。ワットは史料や先行研究を駆使しつつ、この小説以降の英文学について以下のようにまとめています。

手本であるヒロインは年若くうぶでなければならず、身体的、精神的に非常に繊細でセックスを求めて言いよられると気絶するようでなくてはならないのであった。本質的に受け身で、正式の婚約が結ばれるまでは自分を崇める求婚者になんの感情ももたない、パメラはそういう女性であり、ビクトリア朝時代の終わりまで、物語のヒロインのほとんどはそういう女性であった。（訳書二二四頁）

こんな性欲のないパミラですが、B氏のせいで何度も性暴力の危険にさらされます。この本を読む読者はおそらく貞操の危機にさらされるパミラの意図せざるエロさにけっこう惹かれて読み進んでいたはずで、発表当時は淫らな作品だという批判もありました。全然、主体的な性欲を持っておらず、女性にふさわしいとされる慎みをたっぷり兼ね備えている一方、外側からの圧力で性的なトラブルに遭いまくる、自分ではエロいつもりがないのに思いがけなくエロいことになってしまうヒロインの爆誕です。恥ずかしがるエロい処女パミラは、異性愛者男性の性的ファンタジーにとって、とても都合の良い存在です。

ヴィクトリア朝のダブルスタンダードから世紀末へ

この後、ヴィクトリア朝からエドワード朝時代にかけてのメインストリームの文学では、女性が性欲をおおっぴらにする描写は非常に少なくなります。『嵐が丘』のようにセクシーな恋愛小説はあるのですが、女の性欲の表現ということになるとあまりはっきりしません。

一方でヴィクトリア朝といえばポルノです。パク・チャヌク監督の韓国映画『お嬢さん』（二〇一六）の原作、ヴィクトリア朝を舞台にしたサラ・ウォーターズの『荊の城』（二〇〇二）には膨大な秘密のポルノコレクションが出てきますが、これはあながち史実から外れた表現というわけではありません。一八世紀のヨーロッパでは、わりと先鋭的な作家がエロティックな作品を書いていたりしたのですが、ヴィクトリア朝のイギリスではメインストリームの文学から女の主体的な性欲に関する表現がほとんどなくなる一方、そこから分かれたアンダーグラウンドなポルノが内密に読まれるようになります。ヴィクトリア朝の性道徳は、女に貞淑さを求める一方、男の性的純潔は建前だけで、こっそり買春したり、下の階級の女に手を出したりするようなこともしょっちゅうでした。主流文学とポルノの分化はこうしたダブルスタンダードのひとつの反映でしょう。

世紀末になるとちょっと事情が変わってきます。世紀末芸術のファム・ファタルは旺盛な性欲で男を食い尽くす悪女です。一番個性的なのは、同性愛者で唯美主義者だったオスカー・ワイルドのヒロインでしょう。『サロメ』のヒロインは若い乙女ですが、一目惚れしたヨカナーンに熱い欲望を抱き、その美貌を褒めまくります。面白いのは、ワイルドのお芝居では悪女でなくともカジュアルに男性の美貌を褒めることです。『真面目が肝心』（一八九五）のグウェンドリンは求婚者アーネストについて「なんて素敵な青い眼をしてるの！」（第一幕）と本人の前で容姿を褒めます。近代イギリス小説の慎み深いヒロインに比べると、男性の美貌を評価対象にするワイルドのヒロインたちはかなり現代風で、後にくるモダニズムの文学を予告するものになっています。

まとめ

中世から一九世紀末頃までの、イギリス文学における女性の性欲をかなりざっくり振り返りました。我々が考える「性欲」というものとその描写が非常にその時々の社会通念に左右されるものであることがなんとなくおわかりいただけたらいいなと思います。

性的なものが溢れているように見える現代日本ですが、いわゆるラッキースケベ表現などが流行しているところを見ると、我々はまだヴィクトリア朝人、しかもものすごく社会的に性欲を規定され、固定観念にとらわれたヴィクトリア朝人なのかもしれません。

こういう状況は女性にとってはあまり良くないものだと思います。主体性を持って性欲を表現するのははしたない、慎ましくかつエロくないといけないというような規範が女性だけに適用されるのは不公平ですし、性欲も主体性もある女性を苦しめることになります。もしちょっと抑圧がキツいなと思ったら、女性の性欲をポジティヴに描いた作品を手にとって読んでみてほしいと思います。イギリス文学にはクレオパトラとかロザリンドみたいな古株をはじめとして、いろいろなヒロインがあなたに読んでもらうのを待っていますよ。

「#女性映画が日本に来るとこうなる」の「女性映画」ってなに？
——変わりゆく女たちの映画

女性映画が日本に来ると……？

二〇一六年の九月頃に、「#女性映画が日本に来るとこうなる」というツイッター（現X）ハッシュタグが流行したことがありました。ウェブ上でかなり話題になり、同一テーマのツイートをまとめて公開できるサービスであるＴｏｇｅｔｔｅｒでこのハッシュタグに関するまとめなども作られました。

このハッシュタグは、一九一〇年代に英国で選挙権を求めて立ち上がった女性たち、とくに労働者階級の活動家の姿を描いた歴史映画 *Suffragette* の日本語タイトルが、『未来を花束にして』に決まったことに端を発するものです。「サフラジェット」'Suffragette' は英語で女性参政権運動家を意味する言葉で、戦闘的な活動家を指す時によく使われます。日本の配給会社は、これを映画の内容がまったく想像できない題名に変更しました。さらに女性の力と連帯を強調するような広報が行われていた英語版に比べると、非常に感傷的なイメージで宣伝を行いました。これを見て怒った人々が、海外の女性映画が日本に輸入されるといかにセンスがなく性差別的な宣伝が行われるか例示したのがこのハッシュタグです。女性向けの映画を日本の会社が売る際には、映画の内容が想像しづらいような日本語タイトルがつけられたり、代わり映えのしないステレオタイプなデザインのポスターやチラシが作られたりすることを批判するツイートが、画像つきでたくさんポストされました。

このハッシュタグから見えてくる日本におけるマーケティング慣行は興味深いのですが、一方で私がひっかかったのは、そもそもこのハッシュタグを見て「女性映画」って何？　と思った人がけっこういたらしい、ということです。ファンや研究者の間ではよく使われる表現ですが、その外では意外に知られていないようです。実はこれをきっかけに私はウィキペディア日本語版に英語版からの翻訳で「女性映画」の記事を作ったのですが、せっかくなのでこの言葉の来歴を説明したいと思います。

「女性映画」とは？

「女性映画」と言った場合、通常は女性が主要な登場人物で、女性観客をターゲットにしている映画ジャンルを指します。この他に監督や脚本家が女性である、という意味を含んで使われることもあるのですが、多くの場合は作った人の性別より内容とターゲット層でジャンル分けします。

女性映画は映画の黎明期から作られており、世界に広く存在しますが、あまり高く評価されているジャンルではありませんでした。一九七四年にフェミニスト映画批評の嚆矢である『崇拝からレイプへ――映画の女性史』を出したモリー・ハスケルは、女性映画に対する批評家の冷遇や、男性監督のキャリアにおいて女性映画が低く見られてきたことをいろいろな例をあげて分析しています。ハスケルは「女性映画」という言葉が存在すること自体が映画界における性差別のしるしであると鋭く指摘し、「男同士の関係に焦点をあてた作品が、軽蔑的に〝男性映画〟などと呼ばれることはなく（中略）、〝心理ドラマ〟と称される」（訳書一九〇頁）とジェンダーの非対称を指摘しています。たしかに世の中は男性が主人公の映画で溢れていますが、それが「男性映画」と呼ばれることはありません。どうも映画界にとっては人類のデフォルトは男性であり、女性は別ジャンルにしないといけない例外であるようなのです。

映画批評などの分野で、日本語なら「女性映画」、英語なら'Woman's film'というような言葉は長きにわたり漠然と使われてきていましたが、体系的な批評に値するジャンルとして扱われるようになったのは一九七〇年代から八〇年代にかけてです。この時期にフェミニスト映画批評が大きく発展し、一九三〇年代から四〇年代頃のハリウッド製女性映画が注目されるようになりました。具体的にはキャサリン・ヘップバーンやベティ・デイヴィスなどの女性スターが出演している映画や、少々時代がズレるところもありますがジョージ・キューカーやダグラス・サークなどの監督が作った映画を想像していただけるといいでしょう。

前述したハスケルをはじめとするさまざまな研究者が女性と映画の問題に取り組みましたが、最も有名なのは一九八七年に刊行されたメアリ・アン・ドーン『欲望への欲望――一九四〇年代の女性映画』です。この研究はそれまで映画研究においてもっぱら見られる対象と考えられがちであった女性を観客としてとらえ、「女性的主観性」「女性的まなざし」といった視点を導入する画期的なものでした。

しかしながら、女性が観客として重視されていたからといって、女性映画がフェミニスト的であったとは限りません。ドーンいわく、この時期の女性映画は「家庭生活、家族、子供、自己犠牲、女と生産との関係、さらにこれと対立するものとしての女と再生産＝生殖との関係にまつわる諸問題」（訳書四頁）をしばしば扱っていました。こうした主題は女性の関心事を丁寧に扱える一方、女性を家庭に押し込めるような陳腐な道徳観を強化してしまう可能性もはらんでいます。今でも面白く見られる作品がある一方で、女性にとって幸せな人生は恋愛と結婚のみであるというような画一的な価値観を押しつける物語を紡いだり、ヒロインが自己犠牲により誰かを助けてお涙頂戴で終わるなどのおきまりのモチーフに頼ったりする女性映画もあります。また、同性愛嫌悪や人種差別が見受けられたり、中流階級中心的であったりすることもあります。

こうしたマイナス要素とプラス要素が絡み合っているため、女性映画には一筋縄ではいかないものも多くなっています。たとえばベティ・デイヴィスがアメリカ南部の令嬢を演じる『黒蘭の女』（一九三八）は最後に自己犠牲のモチーフが出てきますが、ちょっとビックリするような落とし方なのと、デイヴィスの演技が強烈なので、あまりステレオタイプな印象は受けないかもしれません（この映画の結末がフェミニスト的かどうかは判断が分かれると思うので、ぜひご自分で見て判断してみてください。非常にドラマティックでよくできた映画であることは間違いないので、オススメできます）。また、『風と共に去りぬ』（一九三九）や『イヴの総て』（一九五〇）は今もなお色褪せない偉大な女性映画だと思いますが、前者は人種差別、後者はレズビアンに対する偏見が鼻につくところがあると思います。

現在、そして未来の女性映画

最後に、女性映画の現況と今後について二点解説……というか私の切なる願いを書こうと思います。

まずはより良いマーケティングへの期待です。女性映画というジャンルはマーケティングにおける女性観客の地位と切り離すことができません。ドーンなども指摘しているように、消費社会の誕生とともに女性が映画の主要な観客として想定されるようになり、また第二次世界大戦で軍務のため男性観客が減少することが懸念されたため、一九四〇年代にはマーケティング上の安全策として多数のハリウッド製女性映画が作られることになりました。

日本でも似た事情があります。日本は溝口健二や成瀬巳喜男、木下恵介などを輩出した女性映画大国であり、撮影所としては松竹が女性映画を多数作っています。松竹は一九二〇年代から女性映画を商業上の重要分野としていましたが、ミツヨ・ワダ・マルシアーノの分析によると、これは都市圏の中流階級が発達し、その中で女性が有望な消費者として位置づけられるようになったからです。良質な女性映画を長きにわたって生みだしてきた日本においていまだに女性観客のニーズが認められず、輸入物の女性映画が適切に宣伝されていないのは悲しむべきことだと思います。ロマンティックな可愛い映画は楽しいですし、私も好きですが、ロマンスが主要テーマでないような映画をことさらにロマンティックに見せかけ、「どうせこうすれば女性に売れるんでしょ?」というような態度で宣伝することはお客にウソをついているのと同じだと思います。内容が宣伝からわからないので本来なら映画館に来てくれるような観客に届かなくなりますし、一方でロマンティックな映画が好きな観客にとっても、楽しく気軽に見られる作品だと思ったら社会派のキツい話だった……というようなことが起こりかねないので非常に迷惑です。今後はもっと、いわゆる「ダサピンク」的にならず、必要としている層に届くような女性映画マーケティングを日本の洋画配給部門に模索してほしいと思います。

ふたつめは女性監督の地位向上です。歴史的に女性映画は男性の監督や脚本家によって作られることが多かったのですが、パトリシア・ホワイトと斉藤綾子の言葉を借りると、現状では女性映画を考える際に「女性のための映画から、女性が作る映画へ」(「アートシネマとしての女性映画」、二八四頁)のシフトが起きていると考えられます。ヨーロッパ資本の映画では女性監督がかなり活躍しており、トルコの女性監督デニズ・ガムゼ・エルギュベンによる『裸足の季節』(二〇一五)などは、こうした女性による女性中心の映画という意味での「女性映画」と言えるでしょう。しかしながら状況は良いわけではなく、レクシー・アレクサンダーやアニエスカ・ホランドのようなヨーロッパ出身で国際的に活動している女性監督は、自分たちが映画界で受けている性差別について率直な批判を行い、女性は男性に比べて制作のチャンスがもらえないと述べています。

アメリカに目を転じるとさらに状況はよくありません。二〇一八年にマーサ・M・ローゼンが中心になって行い、サンディエゴ州立大学テレビ・映画業界女性研究センターから刊行された調査では、アメリカの映画界において女性監督がかかわっている映画はたった一七％ほどだそうです。日本でもそれほど見通しは明るくないようで、二〇一六年にはスタジオジブリの元幹部が「ガーディアン」紙の取材に応えて、「女性は現実的な傾向があり、日々の生活をやりくりするのに長けて」いるからファンタジー映画の監督には向いていないと発言し、性差別発言だということで世間を騒がせました。私は男性監督が作った女性映画でも出来の良いものならどんどん見たいし、好きな作品もたくさんありますが、もっと女性が女性の経験を撮った映画を見たいし、女性監督が男性監督に比べて冷遇されている状況は改善すべきだと思っています。女性が撮った女性映画が今後、さらに隆盛することを期待しています。

女性映画としてのトランスジェンダー女子映画
――『タンジェリン』と『ナチュラルウーマン』

トランスジェンダー役者のキャリア形成

トランスジェンダーの役者はキャリアの上でかなり不利な状況に置かれています。日本ではオネエタレントというような概念があり、また舞台では女形や男役も普通なので、え、そうなの？　と思う方もいるかもしれません。でも、たとえば映画やテレビにトランスジェンダーの役者が登場する場合は、「トランスジェンダーの女性」とか「トランスジェンダーの男性」という役で出てくるのがほとんどです。生まれた時の身体的特徴などにより割りふられた性別と性自認が同じ人をシスジェンダー、性自認が異なる人をトランスジェンダーと言いますが、トランスジェンダーの役者がシスジェンダーの役を演じる機会はめったにありません。さらにトランスジェンダーの役はそんなに多いわけではなく、あったとしてもシスジェンダーの役者がキャスティングされるのがしょっちゅうです。才能があっても、トランスジェンダーの役者が演じる役は限られてしまいがちなのです。

　役者は自分ではない人になるのが仕事です。良い役者なら何でも演じられるはずなので、芸術的な観点からは、トランスジェンダーの役はトランスジェンダーの役者が演じるべきだとは言えません。私はトランスジェンダーの役者をもっとシスジェンダーの役に雇うべきだと思っていますが、なかなかそういう配役を行う作品はありません。一方でトランスジェンダーの役はできるだけトランスジェンダーの役者にやってもらうという作品はあります。

　そうした映画として注目を浴びたのが、二〇一五年の『タンジェリン』と二〇一七年の『ナチュラルウーマン』です。どちらもトランスジェンダー女性の役にトランスジェンダーの女優を起用しており、革新的な試みとして評価されました。ただ、このどちらもよくできた面白い映画なのですが、実は女性映画として見るとすごく古典的なんじゃないかな……というところがあります。ここでは、そこを考えていきたいと思います。

六〇年代風女子映画『タンジェリン』

　ショーン・ベイカーが監督した『タンジェリン』は、ｉＰｈｏｎｅを使って撮影した低予算映画で、撮り方とキャスティングの斬新さで評判になった作品です。ロサンゼルスでセックスワークをしているトランスジェンダーでラティーナであるシンディ（キタナ・キキ・ロドリゲス）と、アフリカ系アメリカ人のトランスジェンダーでやはりセックスワーカーのアレクサンドラ（マイヤ・テイラー）を中心に、クリスマスイヴの出来事を描くものです。

シンディとアレクサンドラは非白人でトランスジェンダー、お金に困っていて治安の良くない環境で売春をしており、激しい差別を受ける立場ですが、この映画にはヒロインたちを単なる憐れみの対象に還元するようなところはありません。両人とも生き生きとした厚みのあるキャラクターで、欠点だらけですが人間らしさを備えています。悲惨な状況をコミカルに描いていますが、トランスジェンダー女性の体や心情をバカにするような笑いはなく、冒頭のドーナツ店で展開するぶっちゃけ女子トークから浮気男とのケンカまで、ドタバタと切なさがちょうどいいバランスで盛り込まれています。クリスマスに見たい映画です。

しかしながらよく考えてみると、この作品には女性映画としてはむしろ古典的な展開がいくつもあります。シンディはポン引きのチェスター（ジェームズ・ランソン）にベタ惚れで、刑務所に入っても、お金がなくても、彼との結婚を夢見て耐えています。ところがチェスターはとんでもないダメ男で浮気ばかりしており、シンディの親友アレクサンドラにまで手を出していたことがわかります。ダメ男を愛する誠実で可哀想な女性というのは、映画のみならず舞台や音楽でもよくある女性像で、たとえばスプリームスなど六〇年代アメリカのガールズグループの歌の大半は「カレがひどすぎる」という内容を扱っています。シンディはチェスターと関係したシスジェンダーのダイナ（ミッキー・オヘイガン）に公道で暴力を振るいますが、これも女性は恋人の浮気相手に対してヒステリックに怒ってキャットファイトを仕掛けるものだというステレオタイプな描写に見えます。また、若い女性が都会で苦労して娼婦になり、悪いポン引きに騙されて……というのも、女性映画としては定番の物語です。この手の物語を撮り方や配役の工夫で刷新するという試みも、ヌーヴェルヴァーグのジャン＝リュック・ゴダールが一九六二年に『女と男のいる舗道』でやっていることです。よく考えると『タンジェリン』は六〇年代くらいに流行ったことを二〇一五年の手法でやっている、相当古典的な映画なのです。

さらに『タンジェリン』ですっきりしないのは、アルメニア系のタクシー運転手ラズミック（カレン・カラグリアン）の物語です。ラズミックは妻子がいますが、トランスジェンダー女性を買うのが好きで、シンディに惚れています。妻に内緒で買春にハマり、トランスジェンダー女性にばかり執着して（途中でシスジェンダーの女性を間違って買ってしまい、不作法に車から放り出す場面があります）、クリスマスだというのに家族を放り出してシンディを探しに行くラズミックは、ずいぶん自分勝手な男です。お金でサービスを買った相手、しかも恋人のいる女性に夢中になってしまうというのは大人げない行動ですが、シンディに思いを寄せるラズミックは、この映画ではヒロインを困らせる迷惑なおじさまではなく、どちらかというと観客の同情を引く気の毒な人として登場します。チェスターともめている最中のシンディはラズミックに思いを寄せられても邪魔なだけのはずですが、この映画がラズミックの横恋慕に向ける視線はミョーに優しいのです。

『タンジェリン』は配役と撮り方の新しさで評価されており、面白いことは確かですが、一方で女性映画の定式を研究し尽くした作品です。このため、それまでの女性映画がシスジェンダー女性に押しつけていたステレオタイプを引きついでトランス女性に投影しているところや、男性にとって都合の良い描き方になっているところがあるように見えます。さらに、つらいことばかりで人生に絶望しかけていた女たちが許しや友情を再確認する展開はいわゆるクリスマス精神に満ちたもので、正統派クリスマス映画でもあるのです。

すばらしいヒロイン、しかし……？　『ナチュラルウーマン』

『ナチュラルウーマン』は、チリのサンティアゴを舞台に、トランスジェンダーのヒロイン、マリーナ（ダニエラ・ベガ）を描く作品です。マリーナは年上の恋人オルランド（フランシスコ・レジェス）と同居していましたが、愛する人の急逝をきっかけに家を追い出され、故人の家族や警察から虐待を受けるなど、大変な目にあいます。

ドタバタコメディに近い荒削りなところがある『タンジェリン』に比べると、『ナチュラルウーマン』はよく練られたしっとりした作品です。トランスジェンダーの女優、ダニエラ・ベガが演じるマリーナは非常に魅力的で奥行きがあり、トランスジェンダー女性として受ける差別がこれでもかというほどリアルに描かれています。オルランドの家族はひどい暴力を振るうし、警察は一見さも理解があるかのようなフリをしてマリーナに近づきながら、犯罪の疑いをかける始末です。それでもマリーナは周りに助けられ、負けそうになりつつもさまざまな苦難を乗り越え、原題にもなっている「すばらしい女性」（Una mujer fantástica）として生きていきます。なお、日本語タイトルの『ナチュラルウーマン』は劇中で使われるアレサ・フランクリンの名曲からとっていると思われますが、まるで何か不自然な化け物でもあるかのように扱われて差別を受けるマリーナの人生を描いた映画としては、この題名はふさわしくありません。そもそも女性は「自然」とか「本物」みたいないい加減な価値付けの言葉で分断されるべきではないからです。

『ナチュラルウーマン』にも、ちょっとひっかかるところがあります。オルランドは、よく考えるとマリーナにふさわしいくらい素晴らしい男性には見えないのです。どうやらオルランドは糟糠の妻を捨て、若くて魅力的で貧しいマリーナに走ったようで、どう見ても家族がものすごく怒るケースです。しかしながらそんな状況であるにもかかわらず、オルランドは新しい恋人のためにトラブルを避ける手段を一切講じていません。私は法的に結婚していない相手と暮らしているのですが、自分の経験からすると、愛する人のために財産を守る手立てをまったく考えていないオルランドは、かなりぼーっとした人に見えます。マリーナにとっては優しさと尊敬をもって接してくれるオルランドが大事だったのでしょうが、たぶんオルランドはビジネスで成功していたとはいえ、わりと世間のことには疎い人だったように見えます。心から愛した男性が必ずしも理想的な人ではないというのはむしろこの映画のリアルさに貢献しているとも言えますが、若くて魅力的な女性がかなり年上のけっこうぼんやりした男性に夢中だという展開は、ちょっと男性に都合が良いお話に見える一方、昔から女性映画によくある話ともいえます。

革新性と「フツーの映画」

『タンジェリン』や『ナチュラルウーマン』は、トランスジェンダーの女優を起用して魅力あるヒロインを描き出した、よくできた映画です。男優がトランスジェンダー女性を演じた他の映画に比べると、段違いに女性の経験をちゃんと描いています。たとえばロマン・デュリスがトランスジェンダーのヴィルジニアを演じた『彼は秘密の女ともだち』（二〇一四）では、ヴィルジニアが外出した際痴漢にあい、女として見てもらえたと思って嬉しがる描写があります。トランスジェンダー女性は性的嫌がらせにあいやすく、困っている人も多いのに、こんな描き方をするというのはちょっと女性として心外だと思いました。また、エディ・レッドメインがトランスジェンダー女性を演じた『リリーのすべて』（二〇一五）では、ヒロインのリリーが自分は女性になったのだから以前男性だった頃にしていた画家の仕事はもう辞めるというような発言をするところがあり、全体的にこの映画には、何か女性であることに対して変な幻想があるように見えます。

こういう映画に比べると、『タンジェリン』や『ナチュラルウーマン』ははるかによくできている素敵な映画です。でも、女性映画として考えると、魅力的で一途なヒロインがあまり自分にふさわしくない男性にベタ惚れで悩んでいる可哀想な様子を描くという、伝統的な恋物語の語り直しに見えるところがあります。それに、女性は男性との関係だけで生きているわけではなく、最近の女性映画は女性の生活が恋愛だけではないことを意識した作品も増えてきています。『タンジェリン』や『ナチュラルウーマン』は、配役やヴィジュアル、トランスジェンダー女性が受ける差別の描写については革新的ですが、一方でちょっと男性に都合の良いお話になってしまっているところも含めて、古典的な「フツーの」女性映画をなぞるようなおなじみの物語を紡いでいます。新しいところはありますが、実はとても親しみやすく、みんながビックリするような話ではないのです。そうしたストーリーテリングのオーソドックスな手堅さが、高い評価やお客さんにとってのわかりやすさにつながっていると思われます。

配役やヴィジュアルは新しいが、話はおなじみという傾向は、トランスジェンダー女性を扱う映画だけではありません。オールアジア系キャストで大ヒットした二〇一八年の『クレイジー・リッチ!』や『search／サーチ』は新しさを評価されていますが、よく見ると前者は身分違いの恋をめぐるオーソドックスなロマンティックコメディ、後者はお父さんが行方不明の娘を助ける昔ながらのスリラーです。もちろん、トランスジェンダーやアジア系の役者の才能が生かされること、今まで日が当たってこなかった人たちの奥行きある描写が提示されることは大事で、この章でとりあげた映画はどれもとてもよくできた面白い作品です。でも、見た目だけで全部が革新的だと考えるのは禁物です。こうした映画は新しい装いをまとっていますが、よく考えると古典を研究し尽くした末に出てくる実はけっこう「フツーの映画」で、だからこそウケているところがあるのです。

読書会に理屈っぽい男は邪魔？ 女性の連帯を強める読書会の歴史を探る

女だけのクラブ

「男性は読書会なんてしないわ」

右の文句はカレン・ジョイ・ファウラー『ジェイン・オースティンの読書会』で、登場人物のひとりバーナデットが言う台詞です（訳書一〇頁）。この小説は一九世紀初めの英国の小説家、ジェイン・オースティンの全作品六編を読破する読書会の様子に、参加者の人生模様を絡めた物語です。二〇〇七年には映画化もされています。

こんな小説がヒットしていることからもわかるように、アメリカでは二〇世紀末頃から読書会が広く行われ、女性が女性向けに本をすすめたり、特定の本を皆で読んで議論したりする活動が盛んです。フェミニストで映画スターのエマ・ワトソンは、読書サイト Goodreads でフェミニズム関係の本を推薦し、皆で意見交換するオンラインブッククラブを実施しており、とても人気があります。この節では読書会と女性について、アメリカを中心に歴史を絡めながら紹介をしていきたいと思います。

『ジェイン・オースティンの読書会』では、最初に読書会メンバーを女性だけにするかどうかでモメるところがあります。バーナデットのこの発言はずいぶん大げさで、読書会をやっている男性も実はたくさんいるのですが、北米では伝統的に読書会は女性が好きなものという認識があるようです。バーナデットは読書会に男性を入れたくないと主張しており、以下のようにずいぶん手厳しい発言もします。

　男性が入ると、力関係がくずれてしまうわ。男性って、みんなで楽しく議論しないで、偉そうに一方的にしゃべるんですもの。自分の持ち時間なんか無視して、平気でいつまでもしゃべってるわ［。］（訳書一〇頁）

バーナデット同様、読書会その他のクラブ活動で、男性が決まった持ち時間を守らなかったり、偉そうな態度をとったりすることに不満を持っている女性は多いようです。アメリカ文学研究者の尾崎俊介はアメリカ人とペーパーバックを扱った著書『ホールデンの肖像』で、人気テレビタレントで長きにわたりお昼の女性向けトーク番組

『オプラ・ウィンフリー・ショー』のホストをつとめていたオプラ・ウィンフリーが自分のお気に入りの本を紹介するコーナー「オプラズ・ブッククラブ」を詳しく解説しています。尾崎はここで「こけおどしの教養をちらつかせ、小うるさい理屈をこねるような男性知識人がほとんど登場しないので（中略）心置きなく女性的な目線で自由に本のことを語り合える」（二三七頁）ことがこのコーナーの人気の秘密のひとつだと分析しています。もちろん理屈っぽい批評をする人は女性にもいますし（私ですね）、また理屈っぽい批評が嫌いな男性読者も山ほどいるはずです。しかしながら女性の前でやたら威張りたがる男性に対して経験から警戒心を持っている女性は多いので、女性だけで本を読みたいという人もいるのでしょう。

キャラクターと自分語り

このようなくつろいだ環境で行われる議論は、ある本が読者の人生とどう結びつくかについてのものになりやすいようです。尾崎は家庭内で抑圧されている女性たちが「本をダシにして自らを語る」（二四六頁）ことが読書会の重要な要素だと述べていますし、社会学者エリザベス・ロングも女性読書会でキャラクター中心の読解が好まれることを指摘しています。いくつも例をあげることができますが、たとえばカナダで女性読書会と刑務所読書会を組織している女性たちを中心に、ブッククラブの様子を描いたノンフィクション『プリズン・ブック・クラブ』では、リーダーのキャロルが「主人公の立場に自分を置くことができ、登場人物の行ないについて考えられる本」(訳書三八頁)を選書しようとします。『ジェイン・オースティンの読書会』でも、どの登場人物が自分に似ているかとか、小説に描かれた恋愛から得られる人生訓は何かとか、こういった議論で読書会が盛り上がります。

実際にやってみましょう。私は『高慢と偏見』のミスター・ダーシーがどうも好みでないのですが、たぶん自分の性格が少しダーシーに似ていて人前で愛想良くするのが嫌いなので同類嫌悪なのかもしれないと思います……というようなことを話すわけです。こうした自分の人生や性格に結びつけた意見交換を行うことで女性たちの間に連帯感が生まれ、悩みのシェアや助け合いにつながることもあります。母と娘で親子のイベントとして議論に参加したり、友人同士で絆を深めたりする機能もあります。

面白いのは、英文学の読解ではこうしたキャラクター中心の批評(「性格批評」など と呼ばれます)は伝統的に女性が活躍していた分野で、古くさい手法として軽視されていたフシがあったことです。とくにシェイクスピアなどの分析においては一九世紀のメアリ・カウデン・クラークやアンナ・ジェイムソンなどの女性批評家が性格批評で大きな業績を残してきました。自分を優柔不断でロマンティックなハムレットにたとえた（！）ロマン派詩人サミュエル・テイラー・コールリッジのように、この分野で面白い評論を残した男性批評家もいるのですが、いくぶん「女性的」な分野と考えられがちなところがあったのです。二〇世紀以降、先端的な批評理論を用いた分析が重視されるようになり、性格批評は時代遅れと見なされ、女性によって担われてきたことも含めて、お遊びのように扱われることもありました。

性格批評は最近、上演研究やフェミニスト批評、ファン研究などの影響もあり、人気を取り戻しています。登場人物について語り合う女性たちの読書会は、一九世紀以来の性格批評の伝統を思いの外よく保存しているように見えます。コールリッジは「私自身にも少々ハムレットのようなところがある」と言いましたが、読書会を開く女性たちには少々ロマン主義の批評家のようなところがあるのかもしれません。

読書の伝統と市民の育成

一九世紀風の性格批評がアメリカの女性読書会でしぶとく生き残ってきたことは、こうした読書会の起源が一九世紀にあることに関係しているのかもしれません。シェイクスピア研究者キャサリン・ウェスト・シェイルによると、一九世紀末から二〇世紀はじめくらいにかけて、シェイクスピアを中心に読むクラブだけで五〇〇以上もの会がアメリカ全土で結成され、その多くで女性が主導的役割を果たしたとのことです。学術研究に女性が触れられる機会は今よりずっと少なかったため、読書会は女性にとって貴重な教育機会でした。クラブによっては本を読むだけではなく、女性参政権とか結婚などについて政治的議論をするところもあったそうです。

一九世紀末にはアフリカ系アメリカ人女性の読書会も活発に活動しており、本を読むだけではなく人種差別の中で教育を向上させたり、社会問題に取り組んだりしていました。読書をして知識や分析能力を得ることは、市民として社会に向き合うことと結びついていたようです。そう考えると、エマ・ワトソンのフェミニスト・ブッククラブはインターネットの時代の産物とはいえ、楽しみながら社会を考えるという一九世紀的な読書会を引き継いでいると言えるでしょう。

皆さんも読書会を組織してみてはいかがでしょうか？　インターネットが発達した今では、実際に一箇所に集まらなくても、同じ本さえ読んでいれば、オンラインで意見交換をすることもできます（私もやったことがあります）。オースティンの小説やシェイクスピアの戯曲に出てくるお気に入りの人物について話すのもいいですし、こうした作品の政治性や歴史的背景について調べてみるのも楽しいですよ。

ミス・マープルは何でも知っている——変わりゆくアガサ・クリスティの世界

古き良きイングランド？

ミステリの女王ことアガサ・クリスティは、世界中で人気があり、今でも毎年のように作品が映画やドラマになっています。子どもの頃にミス・マープルやエルキュール・ポアロのドラマを見たとか、本を読んだという方もおられるでしょう。後世への影響力も大きく、意外なところではクエンティン・タランティーノ監督が二〇一五年に作った『ヘイトフル・エイト』はクリスティのミステリにそっくりです。

クリスティの作品は古くさいものだと思われることがあります。たしかに登場人物の多くは、ヴィクトリアンやエドワーディアンの価値観を懐かしみ、時代の変化をあまりよくは思っていないような人々です。また、舞台になっているのはイングランドの田舎のお屋敷とか、帝国主義の時代の名残りが感じられる海外のエキゾティックなリゾートとか、大英帝国を引きずった雰囲気の場所がほとんどです。そもそも古典ミステリというのは犯罪解決による社会秩序の回復を主題とするジャンルなので、保守的になりやすいのではないかということも昔から言われており、クリスティの作品に革新的なものを読み込むのはけっこう難しいところがあります。

それでも、クリスティのミステリにはなかなか一筋縄ではいかないところがありますす。ここでは探偵になったつもりで、作品に隠れている同性愛の要素を探ってみたいと思います。性描写はほとんどないクリスティのミステリですが、ロマンスやら不倫は盛りだくさんで、同性愛が出てくるところも実はあるのです。『予告殺人』を中心にいくつかのミステリのネタバレを含むので、未読の方は気をつけてくださいね。

レズビアンカップルとミス・マープル

クリスティが作り上げた探偵のうち、ミス・マープルはプロの捜査員ではなく、アマチュアです。セント・メアリ・ミード村に住んでいる独身のお婆さんで、一見優しくて世間知らずに見えますが、実際は驚くほど世間のことに通じていて、素晴らしい観察力と洞察力を持っています。アクション映画などでは「ナメていた相手が最強だった」というようなお決まりの展開がありますが、ミス・マープルものはまさにこの展開のお手本です。年をとった大人しい女性というナメられやすい外見のせいで、警官など経験豊かな男性たちから最初はバカにされているミス・マープルですが、最後は事件を解決して皆から尊敬を勝ち得ることになります。

マープルものは何度もテレビや映画になっていますが、二〇〇四年にイギリスのITVでテレビドラマシリーズ『アガサ・クリスティーのミス・マープル』の放送が始まりました。第一シリーズ第四話は、一九五〇年に刊行され、クリスティの作品の中でも非常に人気の高い『予告殺人』を原作としています。日本でも放送され、DVDも出ているので、ご覧になった方もおられると思います。

このドラマを初めてテレビで見た時、私はビックリしました。というのも、メインキャラクターで農家を営んでいるヒンチとエイミーが、明白にレズビアンとして描かれていたからです。

私がビックリしたのは、このふたりの性的指向が原作から変更されていたからではありません。大人になってからよく考えると、明らかにこのふたりはレズビアンのカップルなのに、子どもの頃にこの本を読んだ私はまったくそのことに気付いていなかったからです。原作に出てくるヒンチは髪が短くて男っぽいタフな女性、エイミーは優しい女性で、仲良くふたりで暮らし、仕事上もパートナーです。エイミーは終盤に口封じのため残忍に殺されるのですが、ミス・マープルが犯人をつきとめた際、ヒンチは怒ってエイミーのためだと言いながら犯人に飛びかかろうとします。ヒンチの怒り方は恋人のそれなのですが、初めて読んだ時は単なる親友だと思っていました。はっきり描かれているわけではなく、子どもにはあまり恋愛のことはわからないので、しようがないのでしょうが……。

テレビドラマではヒンチ（フランシス・バーバー）は男物の衣装を着こなしており、明らかにレズビアンの「ブッチ」として演出されていました。ブッチというのは英語圏で、伝統的に男っぽいとされる服装や立ち居振る舞いをアイデンティティとしているレズビアンを指す言葉です。一方で穏やかなエイミー（クレア・スキナー）は、伝統的に女っぽいとされる服装や立ち居振る舞いをするレズビアンである「フェム」です。レズビアンのカップルが必ずブッチとフェムだというわけではありませんが、ブッチとフェムで一緒に暮らしているレズビアンのカップルというのは、すでに二〇世紀の初めくらいからけっこう有名な歴史上の例がフランスやイギリスなどにあります。ドラマ版では、ヒンチとエイミーはふたりだけの時は互いの身体に触るなど親密で、はっきりカップルとして描かれています。

テレビドラマ版のミス・マープル（ジェラルディン・マキューワン）はエイミーの母の旧友という設定で、エイミーとヒンチの家に滞在して事件の捜査を行います（滞在先については原作と変わっています）。ドラマのミス・マープルはこのふたりがカップルなのは承知で、最後にパートナーを失って悲しそうに去って行くヒンチの手をとって一緒に歩くなど、気遣いを見せます。

原作でははっきり描かれていませんが、この小説で一番賢いミス・マープルがエイミーとヒンチの仲に気付いていないわけはありません。『予告殺人』ではいろいろな人々の裏事情が明らかになりますが、ミス・マープルはこのふたりの同性愛に言及することはありません。他人が同性愛者であることを本人の許可を得ずすっぱ抜くことをアウティングと言いますが、ミス・マープルはいろんな人の秘密を明らかにしないといけない捜査中でも、ヒンチとエイミーの平穏な暮らしを脅かすようなアウティングはしていないことになります。そう考えるとミス・マープルは、同性愛者に対してずいぶん偏見のない振る舞いをしています。年をとるまで独身をつらぬいているしっかりした女性で、抜群に賢く、女友だちもたくさんいて、同性愛者の暮らしを尊重するミス・マープル、実はけっこうフェミニストなヒロインなのかもしれません。

「世の中の移り変わりは、やはり受け入れなければしかたありませんものね」

ミス・マープルシリーズには、もっとはっきり同性愛が出てくるものもあります。一九六四年に刊行された『カリブ海の秘密』では、ミス・マープルは甥のレイモンドのはからいでカリブ海のリゾートに旅行に出かけますが、留守中、レイモンドの友人であるゲイの男性作家にセント・メアリ・ミードの自宅を貸し出すことになります。ここでレイモンドはその友達が「クィア」'queer' だという言葉を使っていて、これは同性愛者だという意味です。ここまではっきりした例はそんなにありませんが、他にもクリスティの作品には同性愛への言及かもしれない記述があり、よくクィア批評の対象になっています。

おそらくは、このようにもともと同性愛者がわりと出てくる世界観であるため、最近のアガサ・クリスティ作品の翻案テレビドラマでは、キャラクターを同性愛者に変えるということがよく行われています。ITVのミス・マープルシリーズでは、そもそも第一シリーズ第一話『書斎の死体』で、原作とは違って重要な登場人物のふたりがレズビアンということになり、犯人が変更されていました。二〇一五年にBBCが放送したドラマ『そして誰もいなくなった』はマープルものではありませんが、無人島にやってくる登場人物一〇人のうち、信心深い老女エミリー・ブレント（ミランダ・リチャードソン）が明らかにレズビアンとして描かれているほか、ウィリアム・ブロア（バーン・ゴーマン）は同性愛嫌悪を内面化してヘイトクライムを犯したゲイかもしれないことが示唆され、これよりだいぶ曖昧ですがひょっとするとアンソニー・マーストン（ダグラス・ブース）もバイセクシュアルかもしれません。こうした変更はプロット上、あまりうまくいっていないものもあります。たとえば俗に「サイコレズビアン」などと言われている、横恋慕や他人の恋路の邪魔などに熱心な、欲求不満で魅力のないレズビアンの悪役というステレオタイプがありますが、『そして誰もいなくなった』のエミリーは、若い女性に対する秘めた恋心が暴走してひどいことをしてしまうという人物で、このステレオタイプになってしまっています。

このトレンドは今後も続くのではないかと思います。ミス・マープルは『バートラム・ホテルにて』で「世の中の移り変わりは、やはり受け入れなければしかたありませんものね」（訳書二二頁）と言いますが、クリスティを受容する我々もミス・マープル同様の態度でのぞんだほうが、今後いろいろな翻案作品を楽しみやすいだろうと思います。二〇一七年の映画版『オリエント急行殺人事件』では、ケネス・ブラナー演じるエルキュール・ポアロが激しいアクションをこなしていましたが、格闘技の達人であるポアロが出てくるのであれば、バイセクシュアルのポアロとかが登場してもおかしくないかもしれません。古典は翻案の際にどんどん変更されるものであり、クリスティはかなり変えやすい世界観の作品が多いのです。

コラム　フェミニストの洋服えらび

フェミニストはミニスカートをはかないとか、ブラジャーをしないとか、バカげた迷信がいろいろ流通しているようですね。フェミニストのほとんどは、女性の服装に他人が口出しすることに反対です。自分の意志で着ているのであれば、すごく露出度が高くてセクシーだろうが、民族衣装を着ていようが、しょぼくれたアッパッパを着ていようが、人に何か言われる筋合いはありません。ミニスカートやブラジャーが好きなフェミニストも、嫌いなフェミニストもいます。フェミニズムは女性の自己表現を重視する思想です。

でも、ここで難しいのは、ファッションにおける同調圧力です。例の「檻」ですね。批評と同じで、自由に着ているつもりでも実は社会の要請に左右されていることがあります。働く女性はこんな服を着るべきじゃないとか、年長の女性はこんな服を着るべきじゃないといったような考えが、知らず知らずのうちに女性の心に入り込んで、何を着るべきなのかについての思い込みを作ってしまっていることがあります。

私はできるだけ、学会に赤とかピンクのひらひらした服を着ていくようにしています。働く女性は男社会で自分を真面目に見せるため、黒とか灰色で男性に溶け込める服を着ることも多いです。そうしないと、軽薄だと思われて評価してもらえないからです。真面目そうに見える服を着るのは、働く女性にとってある種の自衛です。

でも、私は映画『キューティ・ブロンド』（二〇〇一）を見た時、それじゃダメだと思いました。ヒロインのエル（リース・ウィザースプーン）はブロンドでピンクが大好きな派手な女の子で、そのせいでみんなからバカだと思われています。でも、エルは試行錯誤で一度はピンクを捨てようかと悩むものの、結局は自分らしさを保ってピンクが大好きなまま裁判で活躍し、ハーバードのロースクールを卒業し、自分をバカにした人たちを見返してやるのです。この映画を見た時、私は服装で男社会に適応して真面目に見られたいとかいうのは「檻」だ、可愛い色の服を着て働く女性がいたっていいじゃないか、と思いました。この映画はのちに舞台ミュージカル化もされています。ピンク万歳！

後になってから、私は南アフリカ共和国の大統領で、人種差別と生涯をかけて戦ったネルソン・マンデラは公の場でしょっちゅう、スーツではなくカジュアルで派手なシャツを着ていたということを知りました。これは地位の高い男性ならば西洋風の正装をするのが礼儀だ、という欧米中心の固定観念に抗う服装です。エルがやったのは小さなことですが、発想としては偉大な自由の闘士マンデラと同じなのですね。

5 ユートピアとディストピアについて考えよう

愛の理想世界における、ブス——夢見るためのバズ・ラーマン論

バズ・ラーマン監督の来歴

オーストラリアの映画監督、バズ・ラーマンは『ロミオ＋ジュリエット』や『ムーラン・ルージュ』など、キラキラした華麗なスタイルで有名です。ここでは、ちょっと口にするのがはばかられる言葉「ブス」をテーマにラーマンの作品に切り込んでいきたいと思います。

バズ・ラーマン監督は一九六二年九月一七日にシドニーでマーク・アンソニー・ラーマンとして生まれました。「バズ」はあだ名だそうです。オーストラリア国立演劇学院で学び、在学中に作成した短い芝居をもとに発展させた *Strictly Ballroom* が舞台であたります。一九八八年にヒットしたこの芝居は、一九九二年に映画化されました。これがラーマンの初監督作で、ダンス映画として大成功をおさめた『ダンシング・ヒーロー』です。並行してラーマンは舞台演出にも取り組んでおり、学校の同窓生で、のちに公私両面にわたるパートナーとなるプロダクションデザイナーのキャサ

リン・マーティンと組むようになります。

ラーマンが一九九〇年にシドニー・オペラ・ハウスで上演したプッチーニのオペラ『ラ・ボエーム』は非常に高い評価を受け、再演がＤＶＤ化されています。この後、ラーマンはマーティンと組んでさまざまな映画を撮るようになり、一九九六年に『ロミオ＋ジュリエット』、二〇〇一年に『ムーラン・ルージュ』を作りました。ここまでに撮った三本の映画は舞台芸術を重要なモチーフとしているため、「赤いカーテン三部作」と呼ばれています。この後、二〇〇八年に『オーストラリア』、二〇一三年に『華麗なるギャツビー』を撮り、今までに五本の映画を監督しています。他にシャネルのＣＭやネットフリックスのドラマ『ゲットダウン』なども作っています。

キラキラの世界とキャンプの美学

まばゆい色彩が溢れる豪華絢爛なセットに燦然と輝く衣装の役者たちが踊り狂い、スターが登場したりカップルが恋に落ちたりする場面では音楽が鳴ってバックに花火が炸裂するラーマンの映画は、とても人工的です。舞台出身のラーマンは、音楽で物語を進めるオペラを得意としていました。ラーマン作品には舞台の慣習をそのまま持ち込み、映画では不自然とも思われるような演出を平気で実行する大胆さがあります。

作品のほとんどは情熱的な愛を主題にしていて、ラーマンの世界では何よりもこれが重要です。おそらくラーマンのクリエイティヴチームにとって、激しすぎる愛の歓びや苦痛を表現するには役者がただ台詞を話したり、動いたりするだけでは不足なのでしょう。愛というキラキラした爆発的な感情を観客にも感じてもらうため、ドラマティックな音楽とまばゆい色彩がこれでもかとばかりにつぎ込まれます。最初は笑ってしまうほどクサい演出に戸惑っていた観客も、いつの間にかこのペースに巻き込まれ、ヒーローとヒロインの恋に心を奪われてしまうことになります。ラーマンは自分の作品を現実に似せる努力をほとんどしません。リアリズム的演出を採用しなくとも、物語や登場人物の心を観客に効果的に伝えることは可能なのです。

人工的で過剰なスタイルゆえに、ラーマン作品はしばしば「キャンプ」の美学という側面から語られます。ここでまずキャンプの美学について説明することにしましょう。

キャンプというのは美意識の一種で、なかなか定義が難しいのですが、多くの場合はナチュラルさやリアルさを拒否する過剰でわざとらしい演劇性を評価する感覚としてとらえられています。批評家のスーザン・ソンタグは一九六四年の有名なエッセイ「〈キャンプ〉についてのノート」で、「キャンプの見方の基準は、美ではなく、人工ないし様式化の度合」(『反解釈』、訳書四三四頁)だと定義し、さらにこう述べています。

キャンプはあらゆるものをカッコつきで見る。たんなるランプではなくて「ランプ」なのであり、女ではなくて「女」なのだ。ものやひとのなかにキャンプを見てとることは、役割を演ずることとして存在を理解することである。人生を芝居にたとえるやり方を感覚の次元でつきつめていくと、こういうことになるのだ。(訳書四三九頁)

これだけではわかりにくいので例をあげるとすると、派手なパフォーマンスで過剰かつ演劇的な「女らしさ」を演出しつつ、どうもそれだけにおさまらないというか、セクシーなのに実はそこまで「男ウケ」も「白人ウケ」もしないような一筋縄ではいかないスタイルを作り上げているニッキー・ミナージュはたいへんキャンプなアーティストだと言われています。意識的に女のフリをしている女、女の役割を過剰に演じている女、とでも言うべきでしょうか。

こうしたキャンプの美意識というのは、ドラァグクイーンなど同性愛者の文化に根ざしている部分が大きいと言われており、本書でこれまで何度か出てきたクィア批評でもよく使われる概念です。クィアというのは、世間的に正常、だとされる状態からの逸脱にかかわる概念なので、フッツーよりも過剰であることを指すキャンプの美学と相性がよいのです。バズ・ラーマンは、フッツーなら語り尽くされた古くさい物語と思われそうなものに、人工的な様式化、人生は芝居で人は皆役者であるという感覚を持ち込み、そうすることで古い物語に「何か違うな」という雰囲気を与えて脱臼させるテクニックに長けています。映画研究者のパム・クックは、ラーマンはいろいろなものの意味を転覆させてしまうという点でクィアなクリエイターで、キャンプなスタイルを持っていると述べています。ラーマンはキャンプの美学をとてもよく体現したクリエイターと言えるでしょう。ラーマンはある時代やある物語が持っている輝きを極端に抽象化してワンフレーズで言えるくらいまで切りつめた後、そこにひとことだけ残ったエッセンスを現代の観客に感じさせるためには何を用いるべきか、ということを常に考えている作家だと思います。そこで観客にエッセンスを感じさせるために用いられる強調やデフォルメが、なんともいえないキャンプな雰囲気を醸し出すのです。

キャンプの美学を念頭に置きながらラーマン作品を見ていくと、華麗な愛の礼賛に隠れた意外な悲観主義が見えてきます。デビュー作の『ダンシング・ヒーロー』はダンスという愛の芸術に取り組むスコットとフランという若いカップルを主人公にしています。この映画では、熱く踊る若いふたりとすっかり創造性を失ったスコットの両親を対比することで、芸術を通して、いくぶん過剰な形で愛を演じることがいかに愛の魔法を創り出すか、そしてそれがなくなった人生はいかに虚しいものになりうるかということを描き出しています。

『ロミオ+ジュリエット』ではラーマンは設定を完全に現代化し、ビーチの街で若者たちが血で血を洗う抗争を繰り広げつつ古典的で大仰な台詞を話すというミスマッチを生かして、独特の過剰な様式美を創りあげました。実は演劇の世界では、こうした台詞や展開はそのままで古典の設定を現代化するような演出はよくあるのですが、それをそのまま映画で行いました。結果的に、きわめて人工的な世界観にもかかわらず、突っ走る若者たちの愛の悲劇が浮かび上がります。『ムーラン・ルージュ』は、貧乏詩人と病を抱えた高級娼婦の恋という『椿姫』や『ラ・ボエーム』などからそっくりいただいてきたような手垢のついた物語を、人は皆役者であり、役を演じている間こそが華なのだ、という感覚をもって語り直すことで独創的な世界を現出させています。

を見せます。

『華麗なるギャッビー』では、ジャズエイジの輝きを現代人に感じさせるためにヒップホップなどを用い、タイトルどおり華麗ですがどこか悲しいパーティとその終わりを見せます。

こうした作品群の特徴として、愛が幸福なのはキャンプで過剰で演劇的な魔法が効いている間だけで、現実世界との接点があらわれると愛には必ず、不幸な結末が訪れるという展開があげられると思います。とくに『ムーラン・ルージュ』で顕著ですが、この作品では最初と最後に、ユアン・マクレガー演じるクリスチャンが、死んでしまった恋人で女優のサティーンを思いながらタイプライターを打って物語を書くという場面があります。この枠により、ふたりでショーを創りあげるという、現実から離れた舞台の世界においては愛が実り多く素晴らしいものであったことが示される一方、それがなくなった現在、現実においては愛が消滅し、つらい人生が続くことが暗示されます。肉体を用いる舞台芸術が理想化される一方、文字メディアは夢の燃えかすを記録するだけで、灰色の現実を象徴するものとして消極的な意味付けがなされています。こうした作品群において、愛はいくぶん理想化され、芸術的に作られた世界でのみ幸福に存在します。愛は現実に寄り添いすぎた世界ではひどく脆く、失われやすいものになってしまいます。ラーマンの作品世界で愛が不自然なほど華麗に描かれるのは、それが現実世界ではなく、かぎりなく夢の次元に近いからでしょう。

ブスの夢

ここで私がとくに注目したいのは、ラーマンの映画の世界において、ニコール・キッドマンが主演している『ムーラン・ルージュ』と『オーストラリア』以外はヒロインが――これは絶対に言ってはいけない言葉なので、使うのがはばかられるのですが、勇気を出して一度だけ言います――男優に比べるとちょっとばかりブスである、ということです。

ラーマンのヒロインが美しくないことは、すでにデビュー作『ダンシング・ヒーロー』の時から注目されていました。クィア批評の研究者であるジョン・シャンペインは、タラ・モーリス演じるフランが明らかにポール・マーキュリオ演じるスコットよりも見映えのしない女性として描かれていることはゲイの男性客にはアピールするだろうが、全体的には女性恐怖が見て取れると論じています。ラーマンの作品については、このようなクィア批評の文脈でゲイの男性客へのアピールやクィアな感性を論じるものが比較的多いかと思います。しかしながら、私はラーマンがこれ以降も美しくない女優を作品に出し続けたことは、右にあげたようなクィア批評の文脈とは違った視点から、ヒロインを中心にもう少し考える必要があるのではないかと思っています。『ダンシング・ヒーロー』は「醜いアヒルの子」の物語だ、というのはよく指摘されていることです。ヒロインのフランは、初登場の場面では本当にぱっとしない女性で、見るからにハンサムなスコットに釣り合うとはまったく思えません。しかしながらフランは心のこもった情熱的なダンスでスコットの心を動かし、スコットの技術にも良い影響を与え、似合いのダンスカップルとなります。最後のフランは最初よりもだいぶ素敵な女性になっていますが、これは容姿がキレイになったからというよりは自己表現の技術を身につけ、自信に満ちた女性になったからという側面が強いだろうと思います。次作『ロミオ+ジュリエット』では、ロミオ役のレオナルド・ディカプリオが輝くばかりの美しさを誇っているのに対して、ジュリエット役のクレア・デインズはどちらかというと地に足の着いた地味な女優です。実は私が初めて見たシェイクスピア映画はこの『ロミオ+ジュリエット』で、おそらく中学生の時にこの映画を見ていなければ今シェイクスピア研究者になっていなかっただろうと思うのですが、ジュリエットがあまり可愛くなく、自分や自分の友達とたいして変わらないかもしれないフツーの女の子なのに、うっとりするほどキレイなロミオと恋に落ち、とてもしっかりした決断をするのに衝撃を受けた覚えがあります。この二作は、現実にいそうなぱっとしない女の子を中心に現実とはかけ離れた華麗な世界がぐるぐる回る、まるで乙女の夢と妄想を描いたような作品と言えると思います。世界じたいはきわめて人工的なのに、ヒロインたちはどういうわけだかそのあたりにいそうな、ひょっとすると（私たち同様）ブスとか不細工とか言ってバカにされたこともあるのかもしれないようなフツーの女の子で、現実世界に釘付けにされているように見えるのです。

「赤いカーテン三部作」と語られることの多い『ムーラン・ルージュ』ですが、私はこの作品はクリスチャンを演じるユアン・マクレガーがハンサムなだけではなく、ヒロインであるサティーンを演じるニコール・キッドマンも誰もが認める麗人で、夢の人工世界ムーラン・ルージュの華であるという点で少々、前二作と異なっているかと思います。先ほど論じたように、この作品の構成じたいは芸術的な夢の世界における愛の幸福と、寒々しい現実の暴力的な訪れという、前二作に見られる主題をさらに突き詰めたものと言えるでしょうが、登場人物の雰囲気は違っています。続く『オーストラリア』は、ヒロインにニコール・キッドマンを再び配し、ヒュー・ジャックマンがヒーローをつとめましたが、基本的に男女の和解で終わる物語で、前三作にあった愛の理想と現実を対比する悲観的視点がなくなっています。この作品は、ある程度の時代考証、つまりは正確性を要求する歴史ドラマとしての側面と、いつもの人工的なキャンプの美学があまりきちんとかみ合わず、うまくいっていないところも多いように見受けられました。私はここまでラーマンの作品を見てきて、この後、ラーマンはいったいどうなってしまうのだろう、もうラーマンの映画に不細工なフッーの女の子は出ないのだろうか……と不安になりました。

ブスの夢再び

ところが『華麗なるギャツビー』では、また美人でないヒロインが戻ってきました。デイジーを演じるキャリー・マリガンは実力のある女優ですが、おそらくフィッツジェラルドの原作を読んで想像するデイジーに比べると華がなく、地に足が着きすぎていると感じた人もいるかと思います。一方でギャツビーを演じるのは『ロミオ+ジュリエット』で世界の女性を魅了したレオナルド・ディカプリオで、今でも計り知れないスター性を持っています(私は若い頃のディカプリオに夢中だった世代なので感覚が偏っているかもしれないと思い、念のために自分のクラスの女子学生にきいてみましたが、今の学生の感覚でもやはりギャツビー役のレオはとてもハンサムだそうです)。

ギャツビーが、作品の語り手であるニックに初めて自己紹介し、グラスを傾けて微笑むと花火があがってジョージ・ガーシュウィンの「ラプソディ・イン・ブルー」が流れる場面は、さながら鳴り物入りで千両役者が登場するといった風情で、ニックが言うところの「極上の笑顔」にお客もやられてしまうでしょう。こうしたカリスマ的なギャツビーが、ジャズエイジの華にしては地味なデイジーに執着するという展開は、ラーマンが最初に二作で行った、ヒロインだけが現実世界にいるようなフツーの女の子で、その少女がめくるめく夢の世界を体験する、という構成によく似ています。古典の映画化としてはいくぶん反則かもしれませんが、『華麗なるギャツビー』は、ラーマンのかつての作家性が戻ってきた作品だと思います。

現実にいそうなぱっとしない女の子を中心に過剰で華麗な作られた夢の世界が展開し、そこでのみ愛が花開くというバズ・ラーマン監督の作風は、女性客の乙女心をそそり、大きな夢を見せる一方、現実をも忘れさせないという複雑な作りを持っていると思います。一見、単純な恋物語のように見えるラーマン監督の独創性は、この悲観的な現実との接点にあるのかもしれません。バズ・ラーマン監督には、これからも乙女の夢を刺激する、はじめは楽しく、やがて悲しい世界を作り続けてほしいと思っています。

隠れたるレズビアンと生殖――『わたしを離さないで』

『わたしを離さないで』における情報の開示

イギリスの作家カズオ・イシグロが二〇〇五年に発表した小説『わたしを離さないで』(*Never Let Me Go*) は、二〇一〇年には映画化され、日本でも二〇一四年に蜷川幸雄の演出で舞台化、二〇一六年にはTBSで舞台を日本に移したテレビドラマも放送されている人気作です。イシグロはとても人気のある作家ですが、一方で一筋縄ではいかない作風です。ここでは、イシグロの作風がよく表れていると考えられる『わたしを離さないで』をとりあげ、クィア批評も使いながら切り込んでいきたいと思います。

『わたしを離さないで』は二〇世紀後半のイギリスで物語が展開しますが、現実の歴史よりも科学が発展している設定です。語り手は介護人のキャシーで、このヒロインが寄宿学校ヘールシャムの同窓生であるルース、トミーとの関係を中心にさまざまなことを物語る形になっています。物語がすすむにつれて、ヘールシャムは臓器移植用クローンを育てる機関で、生徒は全員、臓器を提供して死ぬ運命にあることがわかります。

イシグロは読者に最初から完全な情報を与えず、少しずつ開示していくことで期待を高めたり、不穏な雰囲気を醸し出したりすることに長けた作家です。場合によってはいわゆる「信頼できない語り手」、つまりなんらかの事情でウソをついたり、秘密を持っていたりする語り手を使って読者を混乱させたり、最後まですべての謎を解かなかったりすることもあります。『わたしを離さないで』では、このイシグロの意地悪な語りが炸裂します。小説の中で、ヘールシャムの保護官の子どもたちに対する態度が「何をいつ教えるかって、全部計算されてたんじゃないかな。（中略）何か新しいことを教えるときは、ほんとに理解できるようになる少し前に教えるんだよ」（訳書一二九頁、原書八一頁）と描写されているところがありますが、この記述はイシグロと読者の関係にも適用できるでしょう。読者は出てくる情報をきちんと理解できているのか、どんどん不安になっていきます。

私が注目したいのは、この小説のほぼ最後で行われるちょっとした開示です。この小説には、時折ヘールシャムを訪れて子どもたちが作った芸術作品の中から出来の良いものを選んで持って行く「マダム」という女性が登場します。第二一章でこの女性はマリ・クロードという名前で、ヘールシャムの主任であったエミリ先生とレズビアンのカップルであることが明らかになります。ふたりの関係はあまり明示的に書かれておらず、さらに日本語版の訳書では、エミリ先生がマダムを二度ほど「ダーリン」（'darling'、原書二五二頁）と呼ぶ箇所がはっきり訳出されていないので、よりわかりにくいかもしれません。ふたりが長年同志として活動して今は同居しているという事実と、エミリ先生の口調以外に、ふたりの間の愛情について詳しく知る手がかりは提供されていません。キャシーは「エミリ先生とマダムが互いにどう思っているのか、興味をそそられた」（訳書四一〇頁、原書二六三頁）と述べていますが、読者も同じく興味をそそられるでしょう。

このふたりがレズビアンであるということは、クローンや臓器移植を扱ったこの作品の中でどういう意味を持つのでしょうか？　この開示を念頭に最初から小説を読み直すと、いろいろな伏線があることがわかります。ひょっとすると意地悪なイシグロに騙されてしまうかもしれませんが、精読にクィア批評的な手法を加えて、エミリ先生とマダムがレズビアンであるということの小説全体における意味を考えてみたいと思います。

同性愛、クローン、生殖

エミリ先生について面白いのは、彼女がやたらと「ストレート」'straight' という言葉で形容されていることです。「ストレート」という英語には、「まっすぐである」などの意味のほかに、「同性愛者でない」という意味があります。これは日本語訳だけだとかなりわかりづらいかもしれませんが、エミリ先生はキャシーの語りの中でいつも「ストレート」な人として現れます。エミリ先生は「背筋を真っ直ぐに伸ばして歩く姿勢のよさ」'always very straight about the way she carried herself'（訳書六四頁、原書三九頁、傍線は以下すべて著者による強調）、「背すじをしゃっきり伸ばして壇上にすわったまま」'very straight on the stage'（訳書六九頁、原書四三頁）、「わたしとまともに目が合った」'looked straight at me.'（訳書七三頁、原書四五頁）というふうに、表向きは「まっすぐな」という意味であるにせよ、常に「ストレート」という言葉で形容されています。そんなエミリ先生が最後に「ストレート」でなかったとわかる構成は、少々ミスリーディングな方向に読者を誘った後に意外性のある開示を行うイシグロらしいテクニックだと思います。

一方でエミリ先生がいつも「ストレート」にふるまっていることは、エミリ先生が自分の性的指向を子どもたちの前では隠しているということも暗示するでしょう。また、ヘールシャムにおける描写で、エミリ先生は子どもたちがどこかいるべきでないところに隠れていると必ず見つけ出す能力を持っており、子どもたちを「出ていらっしゃい」'Out you come.'（訳書七一頁、原書四四頁）と言って隠れ場所から出そうとする、という説明があります。これも日本語訳だと少々わかりにくいのですが、英語で「カムアウトする」（'come out'、'come out of the closet' として「クローゼットから出る」という意味があります。子どもたちをカムアウトさせ続けていたエミリ先生が実は隠し事を持っており、最後にカムアウトする、という対比があります。

さらにこの小説の中には一カ所、同性愛に関する重要な言及があります。キャシーがヘールシャムにおけるセックスについて説明するところで、ヘールシャムでは同性間性交渉が「傘セックス」という隠語で呼ばれており、「ほかの施設ではどうかわかりませんが、ヘールシャムでは同性愛に非寛容でした」（訳書一四九頁、原書九四頁）ということが言われています。ルースの推測によると男子生徒は同性間性交渉を行っていますが、同性愛自体はヘールシャムでは禁忌であるようです。加えて、生徒たちの考えでは、「普通の人」（'normals'「ノーマル」、訳書一五〇頁、原書九四頁）つまり非クローンである保護官たちは、一般的にセックスは子どもを作るために行うことだと考え、ゆえにクローンであるヘールシャムの生徒たちが不妊であると頭ではわかっていても、子どもたちがセックスすることになんとなく不安を感じているのだということです。ヘールシャムが外界の価値観をどの程度反映しているのかはわかりませんが、少なくともこの小説で描かれている世界においては、妊娠・生殖に結びつかない、快楽などを目的としたセックスに対して強い偏見が存在します。

こう考えると、この小説の世界では、エミリ先生やマダムは実は生徒たちと共通点を有していたことが明らかになります。生徒たちは、自分はクローンで保護官は「普通の人」だと考えていますが、実はマダムとエミリ先生もレズビアンであり、子どもを生んだり、育てたりすることを社会的に禁止されているようなのです（現実に我々が生きている社会では同性愛者もいろいろな形で子どもを育てていますが、この社会でのクローンの扱いを見ているかぎり、そうした選択肢があるのかは疑わしく思えます）。この点で、ふたりはクローンであるキャシーやトミー、ルース同様、社会的偏見により「普通の人」ではないとされる可能性が高い人間なのです。キャシーによると、エミリ先生はヘールシャム時代、子どもたちに対して「特別の存在」（訳書七〇頁、原書四三頁）であるから振る舞いに気をつけねばならないと説明していたということですが、この抑圧はおそらく子どもたちだけではなく、同性愛者であるエミリ先生とマダムにものしかかるものなのでしょう。

第二二章では、子どもを持てなかった母としてのエミリ先生とマダムの性質が明らかになります。エミリ先生は最後にキャシーやトミーと話す場面で、自分たちのことをクローンの子どもたちの象徴的な母として語っているように見えます。エミリ先生は「わたしたちの保護がなかったら、いまのあなた方はありません」（訳書四〇九頁、原書二六三頁）と述べ、血のつながらない子どもたちを保護する存在としての自分を誇示します。さらにキャシーはその後にマダムと話した際、ヘールシャム時代に自分が'Never Let Me Go'という曲を聴きながら赤ん坊のように枕を抱いて踊っているのを見てマダムが泣いてしまったという思い出を引きあいに出し、これは'Oh, baby, baby. Never let me go……'という歌詞が悲しかったからではないのか、ということを言います（訳書四一四—四一五頁、原書二六六頁）。子ども時代のキャシーのこの歌の解釈は'baby'を通常、想定される恋人に対する呼びかけではなく文字通り赤ん坊としてとるもので、キャシーの想像ではこの歌は妊娠できないと言われていた女性にやっと赤ん坊（baby）ができて、その子と引き離されることを不安に思っているという内容です。キャシーはマダムが自分のそうした解釈を読み取って泣いたのではないか、とマダムに問いかけます。マダムは否定しますが、この否定にもかかわらず、この場面においてはレズビアンであるマダムと、クローンであるキャシー双方の生殖の不可能性が強調されているように見えます。『わたしを離さないで』では、社会的抑圧のせいで生殖や子育てを否定された存在としてのクローンと同性愛者が並んで描かれているように思います。同性愛者であるマダムとエミリ先生の秘密主義からして、この世界にはおそらくはっきり描かれている以上の差別や抑圧があるのでしょう。生殖を否定されたレズビアンのカップルがクローンの子どもたちとの擬似親子関係を作ろうとする、という展開は少々問題含みで、これをレズビアンの女性をステレオタイプ的に単純化していると読み取るか、同性愛者に加えられる重たい社会的抑圧を象徴的に描いていると考えるかは議論があるところでしょう。読者の皆さんはどちらの解釈をとりますか？　カズオ・イシグロの世界は読めば読むほど謎が深まる世界でもありますので、よかったらこの小説を読んでご自分で考えてみてくださいね。

父の世界からの解放──「フェミニスト的ユートピア」を描いた『バベットの晩餐会』

『バベットの晩餐会』とは？

一九八七年のデンマーク映画『バベットの晩餐会』は、タイトルからわかるように料理の映画です。アカデミー外国語映画賞を受賞している有名な作品なので、ご覧になった方もいるかもしれません。監督はデンマーク出身のガブリエル・アクセルです。『バベットの晩餐会』はデンマーク語と英語を使いこなす著名なデンマーク出身の作家カレン・ブリクセンの短編を原作としています。ブリクセンはイサク・ディーネセンという男性名を使って執筆することもあり、この作品も、一九五〇年に雑誌掲載のために英語で書かれた際にはイサク・ディーネセン名義となっていました。

話は単純で、寓話的なところがあります。一九世紀、ユトランド半島の村に、牧師の父を持つふたりの娘マーチーネ（ビアギッテ・フェザースピール）とフィリパ（ボディル・キェア）が住んでいました。歳を重ね、父を亡くした後、かつての友人の知り合いで、パリ・コミューンの騒乱を逃れてきたフランス人女性バベット（ステファーヌ・オードラン）が村を訪れ、姉妹の家で家政婦として働くようになります。それから十数年後、バベットが故郷とのつながりとして買っていたフランスの宝くじが当選し、一万フランの賞金を手に入れます。

姉妹はバベットがパリに帰ってしまうと思って落胆しますが、バベットはふたりに意外な申し出をします。宝くじで手に入れたお金で、亡くなった牧師の生誕百年記念の日に本格的なフランス料理を作りたいと言うのです。実はバベットはかつてパリの一流レストラン、カフェ・アングレのシェフだったのです。当日、田舎で敬虔に暮らしてきた人々の食卓に「ウズラのパイ詰め石棺風」をはじめとする贅を尽くした料理が並びます。そして最後に、バベットが宝くじのお金をすべてこの食卓に使ったことが明らかになります。

料理がとにかく美味しそうに撮られていることもあり、この作品は美しく心温まる作品として愛されています。一方で、『バベットの晩餐会』は原作も映画もフェミニスト的だと言われています。何かの政治的メッセージを含んでいるようには見えないほのぼのした作品ですが、この映画は、女性たちが父の支配や暴力から解放される物語としても見ることができるのです。

抑圧と暴力

原作と映画では舞台が異なります。原作はノルウェーのベルレヴォーグという地域が舞台で、ここはカラフルな家々が並ぶ可愛らしい村です。一方、映画は北海とバルト海の間に突き出た半島ユトランドの海辺の村を舞台としていて、オープニングでは茶色の屋根の家々が点在する様子が映されています。このオープニングでは村は晴れていますが、これ以降、映画の中で寒さと雨でくすんだ風景がしばしば強調されます。のどかではあっても色の少ない風景は、この村に住む一見敬虔で立派な村人たちが実は窮屈に暮らしていることを、原作とは違った視覚的要素で表現しています。村には牧師が亡くなった後もその信仰を受け継ぐ信徒たちが残っており、一見折り目正しい暮らしをしているように見えますが、実際は不倫やら商売上のトラブルやらいろいろなゴタゴタを抱えています。実態は敬虔な理想とはかけ離れたものなのです。

マーチーネとフィリパは穏やかで、世俗の雑念に縁がない女性たちです。悪く言えば生活の心配をする必要がない世間知らずのお嬢さんなのですが、この映画では父の支配を受けながらも高潔に生きている女性として描かれています。姉妹の父はプロテスタントのとても敬虔な宗派を率いている牧師で、自分は結婚してふたりの娘がいるにもかかわらず、愛や結婚を不要と考えています。映画の中で牧師が、娘たちは自分の両腕だから奪わないでほしいと言って求婚者を追い返す場面は、マーチーネとフィリパが身勝手な父によって恋や結婚の機会を奪われていたことを示しています。フィリパがユトランドに保養にやってきたパリの歌手アシール・パパンの歌を用いた求愛を断る場面に顕著に示されていますが、父である牧師が支配する世界において、感覚的な歓びはしばしば排除されます。しかしながら、こうした目に見えにくい抑圧の中でも姉妹はコミュニティへの奉仕にやり甲斐を見出し、村人たちから尊敬されるようになります。

一方、後にふたりの家政婦となるバベットは穏やかな抑圧というよりは凄まじい暴力を生き抜いてきた女性です。パリの騒乱で夫も子どもも殺され、すんでのところで処刑を免れ、友人のパパンの紹介でデンマークに逃げてきたという、昨今のシリアやパレスチナの難民を思わせるような経歴の持ち主です。暗い雨の夜、ボロボロになってまったく事情を知らない姉妹の家のドアに現れ、賃金はいらないからとにかく信頼できる友人の紹介があるところで働きたいと涙ながらに申し出るバベットは、おそらくひどい精神的トラウマに苦しんでいます。

静かな村で姉妹の優しさに触れたバベットはトラウマから解放され、やがて姉妹を日常の雑用から解放し、やりたいことが十分できるよう助ける役割を果たすようになります。姉妹の家で、同じ信仰を持つ者同士が人間関係や商売のことで言い争いをする場面がありますが、ポットを手に入ってきて争いを止めるのはバベットです。ここではバベットが姉妹をトラブルから解放する役を果たしています。バベットが来て家事をしてくれるようになったため、姉妹がさらに村人への奉仕に邁進できるようになったということで登場人物のひとりが神に感謝する場面もあります。この作品では、家事やコミュニティへの奉仕というしばしば女性に片手間でできることとして押しつけられがちな労働が、実は分担や協力によって担われる専門的な仕事だということが暗示されています。

晩餐会の意味とは

姉妹とコミュニティの抑圧を解放するバベットの力がクライマックスを迎えるのが、宝くじで手に入れた一万フランを使って開く最後の晩餐会です。姉妹はバベットが買ってきたウミガメなどの珍しい食材に驚き、料理が何か罪深い快楽をもたらすのではないかと思って集会を開きます。そこで信徒の男性が「晩餐会では味覚がないみたいにふるまおう」と提案し、感覚の快楽を絶つことを提案して皆からの賛同を得ます。生前の牧師の振る舞いからもわかるように、こうした感覚の歓びを罪深いものとする考え方はプロテスタントの厳格な宗派に見られるもので、マーチーネが料理について地獄の業火のような悪夢を見たり、信徒たちが料理に対する不安で騒いだりするところでは、善良でも了見の狭い敬虔な人々がコミカルにやんわりと諷刺されています。

ところが、晩餐が始まるとそういった感覚的快楽への抵抗は消し飛んでしまいます。最初は控え目だったお客たちですが、だんだん嬉しそうにワインや料理を頰張るようになります。パリに行ったことのあるレーヴェンイエルム将軍以外のお客は、料理を褒める台詞をあまり口にしませんが、それでも表情ひとつでどれだけ皆が料理に惹かれているかわかるのが映像描写の強みです。信徒の集まりではとげとげしく言い争いをしていた人々が、バベットの料理の前で互いに優しく、幸せを分け合う人々に変身します。

諍いを忘れて微笑む信徒たちの様子は、堅苦しい教義よりもバベットの料理のほうが人々の心を癒やし、高められることを示しています。最後にフィリパはバベットに対して、あなたは素晴らしい芸術家なのだから天国で天使も喜ばせることができるだろうと言います。フィリパがバベットを抱きしめて褒め称えるこの場面は、形にこだわり感覚的快楽を拒否する教条的な信仰よりも、人生の歓びを分け合うことこそが天国にふさわしいとさりげなく示しています。この場面においては女性であり芸術家であるバベットのほうが、姉妹の父であった牧師よりもより天に近い存在として描かれ、父の支配よりも女性同士の連帯が世界に幸福と平和をもたらすものとして示されます。この女性の才能と連帯が花開く世界には、決して男性の存在がないわけではありません。父の支配が打ち消されたかわりに、食卓には年老いてもなおマーチーネを愛しているかつての崇拝者レーヴェンイエルム将軍がいます。カフェ・アングレの料理を食べた経験がある将軍はバベットの料理を高く評価し、この晩餐会によって「この美しい世界ではすべてが可能だ」と思った、とマーチーネに告げます。ここに一瞬だけ、男女が互いの才能を正当に評価し合い、皆が対等に友として愛し合うことができる美しい世界のヴィジョンが立ち上がります。

原作を分析したアメリカの研究者サラ・ウェブスター・グドウィンは、このラストは「フェミニスト的ユートピア」の試みだと形容しています。これは原作についての発言ですが、映画『バベットの晩餐』は、美味しそうな料理とそれを囲む人々の姿、そして女性たちの微笑みと涙を映像に刻むことで、フェミニスト的なユートピアを見せてくれる作品だと言ってよいでしょう。

「女だけの街」を考える

たいして珍しいわけでもない、「同性だけの街」という発想

二〇一八年の初めに、インターネット上で「女だけの街」というのが話題になりました。発端は、とある女性ツイッターユーザが、女だけの街があれば夜遅くまで安心してひとりで外出できるのに……という願望をツイートしたことです。これに対して、男性差別だ、アパルトヘイトのような隔離だ、力仕事やインフラ整備は男がいないとできないではないか、というような文句がSNSでたくさん出てきました。

私自身はとくに女だけで暮らそうというようなコンセプトにあまり魅力を感じませんし、女性だけのスペースにこだわる考え方がトランスジェンダーやノンバイナリの人への偏見につながる可能性は危険だと思っています。一方で「女だけの街なんてありえない」みたいな反応はずいぶんと想像力に欠けるなと思いました。「女だけの街を作る」というのがさも奇妙な発想であるかのように言われていますが、実のところ、歴史や文学を学んでいる人にとっては、宗教的な理由などによって男だけ、あるいは

女だけのコミュニティを建設しよう、という考え方は珍しくもなんともないからです。たとえばギリシアにある正教会の男子修道院共同体であるアトス山は世界遺産にもなっていますが、二〇〇〇人ほどの住民はすべて男で、女は居住どころか訪問すら禁止されているため、何度かトラブルも起こっています。女だけの政治的なコミュニティということでは、一九七〇年代くらいから起こったレズビアン分離主義の中で、女、とくにレズビアン女性だけで暮らそうという動きが起こり、今でも北アメリカなどにいくつかレズビアンだけで住んでいる小さなコミュニティがあります。さらに、二〇一八年六月にはフィンランドで女性しか利用できないリゾート島であるスーパーシーアイランドがオープンし、物議を醸しました。

文学的にも、女だけのコミュニティというような発想は非常に歴史があり、むしろありふれていると言ってもいいものです。ここでは、女だけのコミュニティというアイディアを掘り下げた作品を三作とりあげ、分析してみたいと思います。扱う作品はアリストパネス『女の平和』、マーガレット・キャヴェンディッシュ『楽しみの隠棲所』、シャーロット・パーキンス・ギルマン『フェミニジア』です。

古代ギリシアにおける女だけの世界

古代ギリシアの文芸における一番有名な女だけのコミュニティといえば、アマゾンです。ギリシア神話に登場する、馬を乗り回す猛々しい女戦士の国で、ヘラクレスやテセウスの物語などに登場します。架空の存在ですが現在まで大きな影響力があり、アメリカンコミックのヒーローで二〇一七年には実写映画も制作されたワンダーウーマンはアマゾンの戦士という設定になっています。コミックや映画に出てくるアマゾンはギリシア神話のもともとの設定とは多少異なる形で描かれていますが、映画『ワンダーウーマン』に出てくるアマゾンの故郷セミッシラ島は、勇敢で善良な女たちが平和に暮らす美しい場所で、女だけのコミュニティとして理想化されています。

もうちょっと面白おかしい形で女だけのコミュニティを描いているのが、アリストパネスの『女の平和』です。この芝居は紀元前四一一年にアテネで上演されました。この作品は、戦争続きで疲弊しているアテネとスパルタの女たちが、アテネの賢い女性リュシストラテの提案で、戦争をやめるまでセックスストライキを行うことを決定するという喜劇です。

厳密に言うと女だけで街を作るという話ではないのですが、アテネの女たちはアクロポリスを占拠し、さらに戦費を差し押さえて、男たちが譲歩するまで女だけで暮らすことにします。そうすると、はなから女たちをバカにしている男たちは、女たちが真面目に戦争をやめさせたいと思っていることを理解せず、わがままだとか増長していると言って怒り出します。ところが結局、音を上げたのは、セックスも愛情を込めた世話もしてもらえなくなった男たちでした。終盤、アテネとスパルタの男たちが股間をパンパンにふくらませて女たちのところへやってくるのは、とんでもない下ネタですが非常に笑えます。

この作品には性別にもとづくステレオタイプで笑いをとっているところもあり、ものすごくフェミニスト的な作品だというわけではありません。それでも戦争をやめさせるために立ち上がるリュシストラテはカッコいいし、女たちの運動を男たちがバカにしてとりあわないところなどは今でも「あるある」と思って楽しめます。女だけで集まって何かしているだけで男たちが嫌がるというのは、二〇一八年に「女だけの街」が空想の話だけで炎上したのを思わせるところがあります。

男の娘が女の園に潜入する『楽しみの隠棲所』

ニューカッスル公爵夫人マーガレット・キャヴェンディッシュが一六六八年に刊行した戯曲『楽しみの隠棲所』（原題は *The Convent of Pleasure* で、"convent" は「修道院」という意味なのですが、ここではあまり宗教的でない集まりなので、「隠棲所」とします）は、あらすじだけだとラノベかよというような話で、二〇一四年に映画化された漫画『海月姫』にちょっと似ています。ヒロインであるレディ・ハッピー（「しあわせお嬢さん」みたいな意味です）は学究的な性格で、男は女の邪魔ばかりしていると考え、未婚女性だけで哲学的思索とか文芸とか、高尚な楽しみだけを追究できる隠棲所を作ろうと考え、実行します。オタクっぽい女たちだけで楽しく暮らしていると、隠棲所の評判が高まって某国の王女様がやってきます。レディ・ハッピーは王女様が好きになり、自分の同性愛に悩み始めます。ところが、王女様はなんと隠棲所に潜入した男の娘でした。レディ・ハッピーが独身主義を捨て、王女様から王子様になった恋人と結婚して終わりです。

この作品は、独身主義を唱え、女に対する抑圧に反対していたレディ・ハッピーが結局、結婚して終わります。レディ・ハッピーが自分の同性愛に対して否定的で、王女様が男だったとわかるあたりの展開は今の感覚だと要らないと思えるでしょう。しかしながら一七世紀半ばの作品としては、この芝居は女の視点で結婚の不平等や性差別を諷刺する、前衛的な内容でした。

レディ・ハッピーが独身女性だけで引きこもると決めた時、男たちはものすごく動揺します。この隠棲所は医師や使用人もすべて女で揃えていて自律的な運営を行っており、男が出る幕はありません。これを知った男たちは、第二幕第四場で女装して使用人として隠棲所に潜入しようと言い始めます。今でも女が集まって何かしていると、悪い意図を持って入りたがる男が出てくることがありますが、一七世紀の女性であるマーガレット・キャヴェンディッシュはすでにそういう問題を理解していました。キャヴェンディッシュは近世イングランドの女性としては珍しく、自分の名前を公にして著作を刊行したせいで変人扱いされていました。現存する最古のまとまったシェイクスピア批評を書いた批評家で、独創的な哲学者でもあり、フェミニスト的要素のある先駆的なユートピアSF小説『輝ける世界』（一六六六）も書いています。あまり読みやすい作風ではなく、著作の日本語訳もそれほどたくさんは出ていませんが、この時代の作家としては非常に鋭いセンスを持っていました。

フェミニストSFの古典『フェミニジア』

ホラーの古典的短編「黄色い壁紙」（一八九二）で有名なアメリカの女性作家シャーロット・パーキンス・ギルマンが一九一五年に連載で刊行した『フェミニジア』（原題 *Herland*、つまり「彼女の国」）は、一九七九年になってやっと単行本として刊行されました。それまでは忘れられていましたが、今ではフェミニストユートピアSF

の古典として扱われています。

『フェミニジア』は、三人の男性が女だけの国を発見し、探検する様子を描いたもので、語り手は社会学の専門家であるヴァンディックです。この女だけの国は山の中の隔絶された場所にあります。戦争や征服によって荒廃していましたが、若い女性の反乱によって女だけの国となり、やがて住んでいる女たちが処女受胎するようになりました。それ以来、女が女を生み育てることにより、平和で美しい国を築きあげました。住んでいる女たちは皆、善良で自立しています。

二〇世紀初めに書かれたこともあり、この小説には現代的な感覚だとちょっとおかしいところもたくさんあります。全体的に母性偏重的かつ優生学的な傾向があり、今考えると古くさい科学思想に影響されているのですが、そこを歴史的な限界として念頭に置きながら読むと、『フェミニジア』には現在でも興味深いと思えるところがあります。登場人物のひとりで探検隊の一員であるテリーは、金持ちで多才な人物なのですが、しばらくフェミニジアで暮らした後でも、女は征服されたがっているのだという固定観念から抜けきれず、終盤に新妻のアリマをレイプしようとして逮捕され、追放されます。探検隊の他のふたりであるヴァンディックと医者のジェフはもうちょっと落ち着いていて、それぞれ苦労はしつつも違ったやり方でフェミニジアの暮らしに順応するのですが、テリーはおそらくこれまでお金と才気でなんでも自分の好きなようにしてきたせいで、女にも自由な意志があるということが理解できません。このあたりは現在にも通じる描写だと思います。

『フェミニジア』以降も女だけのコミュニティはよくフェミニストSFに登場します。ジョアナ・ラスの『フィーメール・マン』(一九七五)やシェリ・S・テッパーの『女の国の門』(一九八八)、ナオミ・オルダーマンの『パワー』(二〇一六)などはこの変奏と言えます。

男が必要になる理由

ここまで紹介してきた三作は、別に男は必要ないとか、女は性別で分離した社会を作るべきだとかいうようなことを主張しているわけではなく、ある種の思考の実験として女だけのコミュニティを描いています。そして、この三作にはいずれも、男が必要とされる瞬間が出てきます。どの作品においても、男が必要とされる理由は愛とセックスです。

『女の平和』に登場する女たちは性欲満々で、夫が恋しくなってセックスストライキ脱落者が出そうになります。『楽しみの隠棲所』でレディ・ハッピーが独身主義を捨てるのは、恋のためです。『フェミニジア』では、探検にやってきた男たちとフェミニジアの女たちが恋に落ちます。

二〇一八年の「女だけの街」騒動で、女だけのコミュニティが成り立たない理由として批判側があげていたのは、力仕事やインフラ整備をする人がいないから、というものでした。しかしながら、『楽しみの隠棲所』や『フェミニジア』など、女が書いた文学作品で、女のコミュニティが力仕事やインフラ整備に男を必要とするというような発想はありません。そういうものは女がやっています。こうした作品において女が必要とするのは、男との愛情がこもった人間関係や、そこから生まれる性的快楽と充実した家庭生活です。

そしておそらく、現実においてもこれが一番問題となります。レズビアンコミュニティならともかく、異性愛者女性にとって、男性と親密なお付き合いなしに暮らすのは時として困難なことです。現在、実際に存在している女だけの村として、一九九〇年にできたケニアにあるウモジャというコミュニティがあります。ここはレイプや強制結婚など、暴力から逃れてきた女性によって作られた村で、女と子どもしか住んでいません。男が村を訪問することはでき、また家畜の世話については男に頼んでいるところもありますが、村の維持は自分たちでやっています。しかしながら、男がいないのにもかかわらず、村で子どもが生まれることがあります。これは女たちが街で会ったり、村を訪ねてきたりした男と良い仲になることもあるからだそうです。女にも性欲があり、異性愛者ならば男との親密な関係を求めることもあります。『女の平和』や『楽しみの隠棲所』などで描かれていた女が男を必要とする理由は、けっこう現実的に説得力があるものなのです。

「女だけの街」騒動で、この点について指摘する人がほとんどいなかったことについて、私はちょっと不思議に思いました。女にも性欲があるし、また性別や性的指向を問わず、親密で意義のある愛情関係を築くことを重視する人は多いはずです。インフラとか力仕事をする人がいないから女だけのコミュニティなんか成り立たない、というのは、女性差別であるだけではなく、男を単なる道具としての機能に押し込めるような発想だと思います。

女は自由な社会の邪魔者なの？——ディストピアSFの性差別

文学は役に立たない？　ご冗談を

二〇一六年の末から二〇一七年の初めにかけて、また二〇二四年の末頃、二度にわたってアメリカでディストピアSF小説がバカ売れしました。「ディストピア」というのは理想郷を意味する「ユートピア」の対義語ですが、単純にユートピアの逆になる悪い社会ではありません。ディストピアというのは、ユートピアが実は悪を内包しているのではないか、という問いから起こってくる考えです。ユートピアは科学や理性、信仰、思いやりなど、一見したところは良いものと思われる理念に根ざして作られますが、実は堕落や暴走の危険性をはらんでいます。このため、ユートピアはたやすくディストピアになるのです。

ディストピアものが大人気になったのは、ドナルド・トランプがアメリカ合衆国大統領に当選したためです。あからさまに人種差別的・性差別的で、無経験かつ無能、後ろ暗いところもたくさんある人物が大統領となったため、人々は社会の先行きに不安を抱くようになりました。自分たちの住む社会がディストピアみたいになるのではないかという心配にかられた人々が、文学に助けを求めました。オルダス・ハクスリーの『すばらしい新世界』(一九三二)、シンクレア・ルイスの『ここで起こるわけない』(*It Can't Happen Here*、一九三五、日本語訳なし)、ジョージ・オーウェルの『一九八四年』(一九四九)や『動物農場』(一九四五)、マーガレット・アトウッドの『侍女の物語』(一九八五)などがよく売れました。こうした文学は、来たるべき社会に抵抗する戦略を練る人々のガイドブックになったわけです。文学なんて役に立たない?ご冗談を。

こうした作品はどれも優れたSFで、現代社会を考える上で重要ですが、それぞれ問題もはらんでいます。ここでは、『すばらしい新世界』を中心に、ディストピア小説の中にある性差別を指摘していきたいと思います。ディストピアは悪い社会だから性差別的なのは当たり前では……と思う方もいると思いますが、私が批判したいのは、描かれているディストピアが性差別的社会だとかいうことではありません。ディストピア文学におけるディストピアは批判や諷刺の対象として描かれているはずですが、小説にこめられている批判メッセージが実は性差別的だということもあるのです。

すばらしくない新世界

ハクスリーの『すばらしい新世界』は、資本主義、科学、階級社会が悪魔合体した二五四〇年の社会を描いています。自動車メーカーのフォード社による効率重視の企業理念が社会に行き渡っており、フォード紀元という年号が使われています。人間は生まれつき階級で分けられ、子どもは工場で生まれた後、出身階級に沿った形で将来の労働と消費に備えられるよう、条件付けされて育ちます。愛などの人間同士の精神的つながりは悪いものとされ、芸術や宗教はほぼ死に絶えています。医学が発達し、避妊は完璧に行えるので男女ともにセックスは自由にできるし、落ち込んだ時はソーマというドラッグで皆ハッピーな気分になれます。

これに対して、野人保護区では「野人」と呼ばれる人々が昔の生活様式を守って暮らしています。この「野人」というのはニューメキシコに住んでいてペヨーテを使うらしいので、生活様式はどうもアメリカ先住民に近いようですが、結婚とか親子、宗教などの概念を保持しています。ここに住む若者で、実は「野人」の子どもではなく、保護区外から来たイギリス人の息子であるジョンが外の世界に出て行くことで、いろいろなカルチャーギャップを経験します。

私は高校生の時に初めてこの小説を読んだのですが、全然面白くありませんでした。

というのも、私なら野人保護区よりはむしろディストピアになったイギリス、すばらしくない新世界を選ぶと思ったからです。理由はたったひとつ、痛くて危険な出産をしなくていいからです。

ここに出てくる未来のイギリスは、いろんな人と付き合わないと不健全だと思われるとか、シェイクスピアを読むとバカにされるとか、非社交的で本の虫だった高校生の私にとっては全然、住みやすい社会には見えませんでした。それでも、出産で死なないというだけで、私には野人保護区よりもマシに思えました。私は帝王切開で死にそうになって産まれ、母はその時の輸血で肝炎になっています。野人保護区ならたぶん生まれる前に死んでいるし、自分だって出産で死ぬかもしれません。避妊や出産で苦しまなくていいなんて、ディストピアはけっこういいじゃないか！　でも、この小説は傑作で、ここに出てくるイギリスはひどいところなんだ、とみんな言っています。私が鈍いからこの話がわからないのだろうか……と思いました。

大人になってフェミニズムや文学を学ぶと、女性の身体を管理し、妊娠や出産を支配するという発想の裏には性的自己決定権を奪う男性中心主義的発想があることに気付いたので、未来のイギリスがマシな社会だとは全然、思えなくなりました。新世界を選ぶんじゃなく、この小説が内包している性差別を批判すべきだったのです。私は今でもこの小説が嫌いですが（文学的に価値があるのはわかりますが、好き嫌いは別です）、もっとはっきり、その理由を言葉にできるようになりました。

なぜ私はこの小説が嫌いなのか

『すばらしい新世界』で社会になじめない人間として出てくるのは、表面的な人間関係が苦手な研究者のバーナードです。孤独と勉強が好きなバーナードは、高校生の私にわりと近いはずです。でも、彼は野人保護区で子どもを育てている母親を見た時、連れである美女レーニナにこんなことを言うのです。

よく思うんだけど、母親を持たないことで、もしかしたら現代人はなにかを失っているのかもしれない。そしてレーニナ、きみの場合は、母親にならないことで、なにかを失っているかもしれない。ああやってすわっている自分の姿をちょっと想像してみなよ。自分の赤ん坊を抱いて……（訳書一五五頁）

子どもを産まないと何かを失っているのでは、なんて女性に聞くのは、高校生の私ですらなんかイヤだなと思いました。なぜかはよくわからなかったのですが、今ならわかります。母親になることが女性の人生においてものすごく大事なんだ、という価値観を押しつけているからです。これに対してレーニナは「バーナード！　よくもそんなこと！」と答えていて、高校生の私は共感しました。でも、この小説のレーニナは綺麗なだけで薄っぺらい女性です。この作品では、女性は自分で考えずに社会に従い、男性が啓蒙しようとしても学ばない存在として、女性嫌悪に満ちた形で描かれています。

もうひとつイヤだなと思ったのが、ジョンのレーニナに対する態度です。ジョンは美しいレーニナに恋をし、はっきりと欲望を抱いていますが、貞操観念が強くて口説くことができません。やっと愛を告白したところ、レーニナは新世界の女性らしく、裸になってジョンに抱きつこうとします。ところが、ジョンは激しい性欲をかき立てられているにもかかわらず、女性が性欲を持って自分からセックスを求めてくることがおぞましく思えて、「恥知らずの淫売」（訳書二六九頁）と『オセロー』の台詞を引用しながらレーニナを口汚く罵り、暴力をふるいます。さらにジョンは、最後の場面で「白くてあたたかくていい匂いのする破廉恥なレーニナ」（訳書三四九頁）を罰したいと思いつつ、「淫売め！」と叫びながら自分を鞭打つことで、自らの性欲を罰しようとします。高校生の私はこれを物凄く気持ち悪いと思いました。ジョンはレーニナに欲情しているにもかかわらず、道徳観念のせいでそれを恥じており、レーニナが誘惑するからそうなったんだ、というふうに女性に自分の性欲の責任を押しつけているのです。

この場面のジョンの行動は作中で肯定されているわけではなく、あまりの精神的重圧ゆえに神経がおかしくなったというふうに書かれているので、性差別が理想化されているというわけではありません。ハクスリー自身、後に付けた序文で、ディストピアでの暮らしか狂気か、というような二択の結末は良くなかったと反省しています（原書 xlii 頁）。このあたりの女性嫌悪描写がひどいのは、この作品が性差別を肯定したかったのではなく、ハクスリーがイマイチ終盤の展開をちゃんと処理できなかったからだ、と考えたほうがいいのでしょう。プロット処理の問題だとしても、私がこの作品をあんまり面白くないし、女性の扱いがひどい話だと思うのは変わりませんが。

他のディストピア小説も……

『すばらしい新世界』ほどではなくても、ディストピア小説には全体主義や独裁などについては非常に鋭く切り込んでいるのに、性差別については鈍いとしか言えないようなものがけっこうあります。思想や表現の自由については敏感なのに、女性の自由には全然、関心がないのです。そもそも元祖ユートピア小説であるトマス・モアの『ユートピア』(一五一六)では、女性は結婚して夫に従い、家事をすることが当然とされており、女性にとっては全然理想郷ではありません。ユートピアのモデルには女性が組み込まれておらず、ディストピア小説の古典もかなりこの女性無視を引き継いでいました。

ソ連の作家エヴゲーニイ・イワーノヴィチ・ザミャーチンが一九二〇年代初めに執筆した先駆的ディストピア小説『われら』は共産主義的全体主義社会を諷刺しています。『すばらしい新世界』に比べると女性の描き方が複雑ですが、それでも女性嫌悪が見受けられます。語り手は男性の技師D-五〇三で、登場する主な女性は主人公の恋人O-九〇と、彼を誘惑する革命分子I-三三〇です。このふたりはいわゆる聖女と娼婦の類型にきれいに分かれていて、O-九〇はやたらと子どもを欲しがる家庭的な女、I-三三〇はセクシーで賢く危険な女です。I-三三〇は男を破滅させるファム・ファタルである一方、政治的で意志が強い勇敢な人物でちょっと個性的なのですが、O-九〇は単純で、母性と愛情だけに還元されているようなキャラクターになってしまっています。

全体主義社会を描いたオーウェルの『一九八四年』は『われら』の影響を受けてい

ます。『われら』同様男性が語り手ですが、女性描写はむしろ後退しています。語り手ウィンストンの恋人ジュリアは、体制に従うふりをしつつ陰で反逆行為を行っている若い女性です。ウィンストンはジュリアに惹かれる一方、自分と対等の存在として敬意を持って扱うことをしていません。ウィンストンはジュリアを、感情や愛など私領域の自由にばかりこだわっていて、政治的な理論とか公共的なことがらには一切関心を持たない、視野の狭い女性ととらえています。ウィンストンいわく、ジュリアは「党の教義に関する細かい理論的な構造」（訳書二〇三頁）などにはまったく関心がありません。一度などウィンストンはジュリアに面と向かって「ウエストの下だけが反逆者」（訳書二〇三頁）だと言い放ち、恋人をセックスだけの存在に貶めます。

レイ・ブラッドベリの『華氏四五一度』は、本が禁止されたディストピアを描いた傑作ですが、こちらも女性の扱いについては他の小説とどっこいどっこいです。主人公モンターグの妻ミルドレッドは体制順応的で、くだらないテレビ番組に夢中になり、最後は夫を裏切ります。ミルドレッドが女友達を家に呼んでおしゃべりに興じていたところ、モンターグが耐えきれなくなり、無理矢理詩を読み聞かせようとするところがありますが、モンターグは女性たちを「怪物ども」と呼び、「自分の夫を、なんと心得ているのか？」（訳書一六七頁）と独り言を言います。一方でモンターグは、近所に住む少女クラリスに妻とは正反対の清々しさを感じて好ましく思っています。クラリスは十代の清純な少女で典型的な不思議ちゃんであり、父親ほど年上のモンターグに対して「あたしがあんたを愛しているからよ。それでいて、あたしはあんたから、なにも望んでいないの」（訳書四九頁）などと冗談まじりに言ってモンターグを喜ばせますが、中盤で悲劇的な死を遂げます。この作品では、ミルドレッドのような成人女性は堕落した存在として描かれている一方、無垢で清純で大人になる前に死んでしまう少女クラリスは理想化されています。この小説は言論の自由のない社会を痛烈に批判するものですが、一方で女性観は性差別的なステレオタイプにとどまっているのです。

一筋の光

このように、名作として読み継がれているディストピア小説の大部分は、どんなに痛烈な社会諷刺を行っていても、社会に内在する性差別を無批判に温存しています。ディストピア小説における女性の多くは、社会に疑問を抱く主人公の視点から見ると、体制順応的か、悪い意味で感情的で、奥行きがありません。『すばらしい新世界』のレーニナや『華氏四五一度』のミルドレッドのように、ディストピア小説において、女性はディストピアの価値観に唯々諾々と従う、自分の頭で考えることをしない愚かな存在として描かれがちです。ディストピア小説の伝統には、女性嫌悪が脈々と息づいているのです。本書でとりあげた小説はどれも独創的で、現在の社会について考える上で意義のあるものですが、性差別に対する関心は決定的に欠けています。こうした小説で、女性は自由な社会を作るにあたって単なる邪魔者のように扱われています。

そんな中でも、ディストピア文学の性差別を改善する動きはあります。『一九八四年』は二〇一三年にイギリスでロバート・アイクとダンカン・マクミランにより舞台化されましたが、演劇ではウィンストンの主観描写を抑えることができるため、ジュリアに対する押しつけがましいネガティヴな意見があまり目立たないようになり、女性嫌悪的要素が弱められています。さらに原作にも存在する、ジュリアの愛情深さを示す場面が強調されているため、キャラクターに奥行きが加えられています。ウィンストンとジュリアが抵抗組織に入るにあたり、ふたりが引き裂かれても耐えられるかと聞かれるところがあるのですが、ここでジュリアが即座にきっぱりと断るのです。舞台版ではここを目立たせることにより、ちょっと理想に走りすぎなところもあるウィンストンと、地に足のついたジュリアがうまく対置されるようになっています。

そして、ディストピア文学に大きな革新をもたらしたのが、カナダの女性作家マーガレット・アトウッドの『侍女の物語』（一九八五）です。この作品はキリスト教原理主義に支配され、人権が保障されなくなった北米の社会を描いています。人種差別や宗教差別はもちろん、この社会では女性の権利がほぼ奪われています。生殖は管理され、女性は子どもを産む道具として扱われます。主人公は子どもを産むための「侍女」として働かされているオブフレッドで、女性の視点から語られます。この作品はフェミニストSFとして高い評価を受け、二〇一七年にHuluによりドラマ化されて大ヒットしました。この作品は今、女性や性的少数者に対してきわめて差別的なトランプ政権下のアメリカをもっとも強く想起させる予言的小説として読まれています。

あまり知られていなかった女性によるディストピア小説を発掘する動きも出てきています。イギリスの女性作家ローズ・マコーリーは、ハクスリーやオーウェルに先んじて一九一八年にフェミニストディストピアSF『その他もろもろ』（*What Not*）を刊行しましたが、この作品は百年にわたって忘れ去られ、入手困難になっていました。この小説は二〇一九年の春に英語版が再版され、その後二〇二〇年には日本語訳が出て私が解説を書きました。よかったら手にとってみてください。

コラム　『ダウントン・アビー』と女性参政権運動

　二〇一〇年から二〇一五年までイギリスのＩＴＶで放送されたテレビドラマ『ダウントン・アビー』は世界中で人気を博したので、見たという方も多いかと思います。このドラマは全体的にはちょっといろいろ保守的なところもありますが、フェミニストが出てきていました。グランサム伯爵家の三女、シビルです。

　昔はフェミニストというとステレオタイプにイヤな感じで描かれることも多かったのですが、シビルはクセモノ揃いのこのドラマの中では非の打ち所なく善良で、しかも美人キャラなので、フェミニストとしてはむしろ見ていてちょっと居心地が悪いくらいでした。昔のステレオタイプとはうってかわって、女性参政権運動に参加するということが、性格が誠実で情熱的だということを示すために使われているのですね。一方、女性参政権運動などの先進的な政治的課題にコミットするということは、保守的なグランサム伯爵家では非常に異質なものとしても描かれています。

　シビルのような貴族が女性参政権運動に参加した例は、実際にけっこうありました。インドのマハラジャの姫ソフィア・ドゥリープ・シングなど、さまざまな貴族の女性が活動していました。イギリスで最初の女性議員になったアイルランドの革命家、マーキエヴィッツ伯爵夫人コンスタンスについては、先代グランサム伯爵夫人ヴァイオレットがドラマの中でシビルの話をする時、悪い前例として触れていました。むしろ少し前まではミドルからアッパークラスの女性運動家ばかり着目されていて、最近、労働者階級の参政権運動家の活躍がやっと評価されるようになっています。二〇一五年に労働者階級の参政権運動闘士たちを描いた映画『サフラジェット』は、そうした潮流の成果なのですが、前述したように日本では『未来を花束にして』というひどいタイトルで公開されてしまいました。

第一次世界大戦中にシビルが女性運動を控えて戦争協力をする展開も、時代に忠実です。イギリスのフェミニストは開戦とともに過激な活動を控え、戦争協力で女性の力と才能を示す道を選びました。シビルが志願看護師になるのは、こういう背景に沿ったものです。

『ダウントン・アビー』の撮影が行われたハイクレア城

6 型にはめない、はまらない

『人魚姫』は何の話なのか？――『リトル・マーメイド』の原作に戻る

二〇二二年九月、ディズニーの実写映画版『リトル・マーメイド』のティーザートレイラーが公開され、ちょっとした騒ぎがありました。『リトル・マーメイド』は一九八九年にアニメ映画が公開され、低迷気味だったディズニーに大ヒットをもたらしています。ディズニー・ルネサンスと言われる、ディズニーにとっての復活の時代の始まりとなった映画だと言われています。

これを実写リメイクした『リトル・マーメイド』のヒロインである人魚のアリエルを演じるのは、黒人女性であるハリー・ベイリーです。ベイリーは歌唱力が抜群で、アニメか漫画から出てきたようなちょっと浮世離れした雰囲気もあり、ディズニープリンセスにはぴったりだと思いますが、アニメ版のアリエルは赤毛でどちらかというと白人に近い容姿でした（人魚に人間同様の人種があるのかどうかはあまりよくわかりませんが）。このティーザーは前作では白人だったアリエルが黒人になったということで人種差別的な攻撃を受けることとなりました。本作のキャスティングについては既に二〇一九年のキャスト発表時にも人種差別的なコメントが発生しており、かわりばえのしないことです。

そもそも『リトル・マーメイド』の原作であるハンス・クリスチャン・アンデルセンの『人魚姫』(一八三七)には、今なら人種、階級、セクシュアリティなどの話として読みかえることもできそうな、アイデンティティに関わる大きなテーマが含まれている作品です。『人魚姫』は、ヒロインである人魚姫が恋と不死の魂を求め、魔法で人間の姿になって恋の対象である王子に近づくものの、結局王子の愛は得られず、空気の精になるという物語です。この物語は、ある種の「パッシング」の物語として読むことができます。「パッシング」というのは、人種や性的指向など、差別や偏見の対象になりそうなアイデンティティにかかわることを隠して周囲に溶け込み、社会に適応して暮らすことを指す言葉です。アメリカのような社会で非白人が白人として暮らしたり、同性愛差別のある地域で同性愛者が異性愛者として暮らしたりするような状況をパッシングと言います。この節では、『人魚姫』をパッシングのお話として見ていきたいと思います。

人魚姫が求めるもの

姫は、陸の上でも海の中でも、自分ほど美しい声を持っているものがないと思うと、一瞬間、心に喜びを感じました。けれども、すぐまた、上の世界のことが思い出されるのでした。そして、あの美しい王子のことや、王子のように不死の魂を持っていない悲しみを、どうしても忘れることができませんでした。（中略）「あのかたと不死の魂とが、わたしのものになるならば、わたし、なんでも思いきってやってみるわ！」（訳書一三七―一三八頁）

わたしのこの眼がちがっていれば、つまり、美しかったとしたら、わたし自身もちがっていたはずだ、という考えが、ピコーラの心に浮かんだ。歯はきれいだったし、少なくとも鼻は、とてもかわいいと思われているある子供たちの鼻ほど大きくも平べったくもない。（中略）たぶん、他人は言うだろう。「まあ、きれいな眼をしたピコーラをごらん。わたしたち、あんなきれいな眼の前じゃ悪いことをしてはいけないわね」と。（中略）青い眼にしてくださいと、毎晩かならず彼女は祈った。（トニ・モリスン『青い眼がほしい』訳書五四頁）

右に並べたのは『人魚姫』と、トニ・モリスンによる『青い眼がほしい』(一九七〇)の一節です。一九世紀のデンマークの童話と二〇世紀アメリカの人種差別を描いた深刻な小説の間には時代、地域、扱われている差別の現れ方などの点で大きな違いがありますが、両方に共通していることは、ヒロインが、自分が「人間らしい」生き方から疎外されていると考え、人間であるためには姿を変えることが必要だと思っている点です。

人魚姫は自分が恋している人間の王子と、さらに人魚は持っていないが人間は持っているという不死の魂を求めており、そのためには人間の脚が必要だと思っています。『青い眼がほしい』のヒロインである一一歳の少女ピコーラは、自分が育った悲惨な家庭環境から逃れるためには、白人の女の子のような青い眼があればよかったのではないかと思い、白人中心の美の基準に基づいて自分の姿を評価しています。童話に出てくる海の王女である人魚姫と現代小説に出てくる貧しい家庭の娘であるピコーラは一見、似ても似つかないヒロインに見えますが、二人とも自分とは違う、ある種の「上の世界」の人々の価値観に合わせることが人間らしく生きることだと考え、多数派が美しいもの、当然のものとする身体的特徴を求めています。

『人魚姫』が扱っているのは、二〇世紀、二一世紀になっても文学作品に繰り返し登場する、マイノリティに課される厳しく画一的な美の基準と、その裏に潜む差別や偏見です。現実世界で生きていくほかないピコーラとは違い、童話の世界のヒロインである人魚姫は魔女に頼んで脚を獲得し、人間としてパッシングできるようになります。しかしながら、パッシングのために人魚姫は大変な苦痛を経験しなければなりませんでした。人魚姫は魔女と取引をする際、望みが叶えられるのと引き換えに、歩くたびにナイフで刺されたように脚に走る痛みに耐えねばならないという条件をつけられ、さらに舌を切られて声を奪われます（訳書一四〇—一四二頁）。

前者の痛みは、人が自分のアイデンティティを隠して生きていかなければならなくなった時に感じる精神的なつらさを身体的な痛みとして表現していると解釈することができます。後者の声を奪われることについて人魚姫は「でも、声をあなたにあげてしまったら、あとに何が残るでしょう？」と魔女に問い、魔女はそれに「そんなに美しい姿や、軽い歩きぶりや、ものをいう目があるじゃないか。それだけあれば、人間の心を夢中にさせるくらい、なんでもないやね！」（訳書一四二頁）と答えています。

人魚姫は話したり歌ったりすることを自分にとって非常に大事なことだと考えているのですが、それでも恋と魂のためにそれをなげうちます。ここで魔女は人魚姫に対して、女性は姿が美しければ言葉で自己主張ができなくてもよいということを述べていますが、これは女性は物静かで何も言わないほうがよいという近世以来の女性観にのっとったものである一方、おそらくは話し方で出身地域や出身階級など、生まれや育ちがある程度他人にわかってしまうことをも念頭に置いているのかもしれません。人魚姫が口を利けば、自分が実は人魚で海で育ったということがバレてしまうかもしれません。声を奪われれば、自分の気持ちを王子に伝えることができなくなるかわりに、話しぶりや話の内容で素性がわかる危険性もなくなるわけです。今まで生活していた環境から引き離されたり、引け目を感じているところを隠さなければならなくなったりすると、用心しすぎて口数が少なくなってしまったり、言いたいことが言えなくなってしまうというような経験をしたことがある人はいると思います。人魚姫が人間の姿を得る代償として歩くたびに痛みを感じ、話せなくなってしまうということの状況は、一見したところ残酷で現実離れした魔術を描いているようですが、実はアイデンティティに関することを隠してパッシングせねばならなくなった人の多くが経験する苦痛を象徴しているものだと言えるでしょう。

アンデルセンの生きた時代

『人魚姫』がアイデンティティを隠して生きている人物の物語であるとすると、いったい隠すべきアイデンティティは何なのでしょうか?
デンマークは奴隷貿易にかかわっていたため、一九世紀には既に黒人の住民がいました。たとえばアイスランド最初の黒人居住者として有名なハンス・ヨナタンは一時期デンマークで暮らし、一八〇一年のコペンハーゲンの海戦には兵士として従軍していました(劇作家のマーティン・マクドナーは、おそらくこのあたりのデンマークの奴隷貿易の歴史をヒントに、アンデルセンが黒人女性を閉じ込めておとぎ話を盗んでいたという設定のお芝居である『とてもとてもとても暗いこと』〔*A Very Very Very Dark Matter*〕を書いています)。しかしながら当時のデンマークでは非白人の人口はまだ少なく、現代アメリカのように人種差別を理由とするパッシングが文学的テーマとして注目されていたとは言えないと思います。

著者であるハンス・クリスチャン・アンデルセンの生い立ちや社会的背景などを考えると、『人魚姫』におけるパッシングのテーマがつながってくるところとして最初に考えつくのは階級差別です。アンデルセンは貧しい家庭の息子で、母親のアンネ・マリーは非嫡出子であり、さらに非嫡出子の姉がいて、母の妹は売春宿を経営していました（ヴォルシュレガー、訳書一〇一一一頁）。性的なことにやかましい一九世紀のヨーロッパで出世を目指すにはかなり大変な生い立ちです。

アンデルセンは才能と野心を武器に作家として名声を得ましたが、エリート階級に馴染みたいと望みつつ、「直観的にそのそとにいると感じて」（同五八頁）いました。若い頃はエリート階級なみの教養を身につけるべく古典語を学びましたがあまりうまくいかず、初期作は「綴りのまちがいや文法のあやまりだらけ」（同五九頁）だったそうです。人魚姫が話せなくなってしまうのは、言葉を使うと無教養で貧しい出自がバレてしまうというアンデルセン自身の悩みの反映なのかもしれません。『人魚姫』の物語は、アンデルセン自身の「パトロンとしての庇護を提供してくれた貴族的なサークルで社会的に受け入れてもらえなかったことの表現、「パッシング」の快楽と危険に関する個人的な語り」（Sells, p. 177）としての側面があると評されています。

もうひとつの可能性として、同性愛があげられます。アンデルセンはおそらく異性愛者ではなかったと考えられており、男性に対してロマンティックな手紙を書くなど、複数の男性に対して恋心を抱いていた可能性が指摘されています（女性にもロマンティックな感情を抱いていた兆しがあるので、男性だけが好きだったのか、男女両方が好きだったのかはあまりはっきりしません）。しかしながら、一九世紀ヨーロッパにおいて同性愛は社会的にタブーと見なされることがほとんどでした。このような背景を考えると、『人魚姫』の王子に叶わぬ恋をするヒロインは、愛する男性に思いを告げられず、それこそ舌を切られたように黙っているしかない同性愛者の男性の物語として読むことができます（Norton, p. 129）。近年の作品では、ジョン・ノイマイヤー振付のバレエ『人魚姫』（二〇〇五年初演）がこれに沿った解釈の演出を採用しており、男性への恋が叶わず苦しむ詩人が登場します。

このようにアンデルセンの『人魚姫』は、一見センチメンタルな悲恋ものですが、実は現代社会にもありそうなパッシングやアイデンティティに関する悩みを扱っているものとして読むことができます。人種に関するパッシングの物語として翻案することも可能でしょうし、近年ではトランスジェンダーの物語としての解釈の可能性も指摘されています（Spencer）。古風なおとぎ話に見えますが、掘り下げるといろいろな層が見えてくるのです。

しかしながらディズニーアニメの『リトル・マーメイド』はそのあたりをあまり掘り下げていません。むしろ不死の魂に対するヒロインの探求を削り、王子様さえいればヒロインは幸せ……というようなオチになっている点で、アンデルセンの原作よりも後退しているとも言えます（Trites, p. 151）。アメリカのテレビ番組『デイリー・シヨー』のホストだったトレヴァー・ノアは、『リトル・マーメイド』の実写版キャストに対する人種差別的コメントを批判しつつ、そもそも「『リトル・マーメイド』は男性を喜ばせるために自身の核であるアイデンティティを変える若い女性の美しい物語」だと簡潔に作品の問題点を皮肉っていますが、ディズニーのアニメ版はたしかにそういう単純な作品です。せっかく非白人の魅力的な女優をヒロインに起用したとしても、おそらく実写版でそうしたテーマを掘り下げるつもりはないだろう、とディズニー嫌いな私は思っていたのですが、公開された実写版『リトル・マーメイド』は、そのへんの問題をじゅうぶん意識しつつ、きちんとしたオーソドックスなロマンティックコメディらしいオチをつけようとけっこう努力している跡は見える作品でした。完璧とは言えませんし、私はもっととがったアプローチが好きですが、頑張ってはいると言えるでしょう。『アナと雪の女王2』も含めて、現在のディズニーはおとぎ話と現代の感覚をなんとか融合させようと四苦八苦しているように思います。

ビートルズが歌う「ボーイズ」はなぜ面白いか
——歌手のジェンダーと歌詞のジェンダーステレオタイプ

英語圏のポップスでは、女性視点の歌を男性歌手が歌ったり、男性視点の歌を女性歌手が歌ったりする習慣があまりありません。日本ではぴんからトリオが、耐える女の心境を女言葉で歌った「女のみち」(一九七二)のように歌手のジェンダーと歌の語り手のジェンダーが一致しない歌はかなりあります。

しかしながら、英語圏の歌ではこうした作品はあまり多くなく、歌い手と視点人物のジェンダーを一致させることがふつうです。この節では、このことをテーマに英語圏のカバー曲と歌手のジェンダーについて考えてみたいと思います。

カバー曲と性別を示す単語

英語圏では、曲のカバーをする際、歌い手のジェンダーが変わると歌の内容が自分のジェンダーやセクシュアリティに一致するよう、代名詞や細かい単語の性別を変えるという習慣があります。つまり、女性歌手の歌を男性歌手がカバーする時は'he'、「彼」を'she'、「彼女」に変えるなど、名詞の性別を変えて歌い手の視点にあうようにします。たとえばジュディ・ガーランドの'The Man That Got Away'（「立ち去った男」）をフランク・シナトラがカバーした時はタイトルが'The Gal That Got Away'（「立ち去った女」）に変わりました。逆に男性歌手の歌を女性歌手が歌う時は、'she'、「彼女」を'he'、「彼」に変えるなどの処理を行います。男性であるジャック・ホワイトが歌っていたホワイト・ストライプスの'Fell in Love with a Girl'（「とある女性と恋に落ちた」）を女性のジョス・ストーンがカバーした時は'Fell in Love with a Boy'（「とある男性と恋に落ちた」）というタイトルになりました。

これは歌い手のジェンダーにあわせて内容を変えるということをしない場合、歌詞に同性愛などの含意が出るため、それを避けるための処置だと考えられます。ジェンダーが違う視点の歌を歌うこと、とくに男性が女性視点の歌を歌うことについては、アメリカなどではかなりおさまりの悪いことと見なされています。二〇〇四年にシボレー・コロラドが作ったコマーシャルはこの感覚をよく反映したもので、完全に女性の視点で歌われるシャナイア・トウェインのヒット曲'Man! I Feel Like a Woman!'を、男ばかりの車の中でひとりの男性が熱狂的に歌い出したせいで周りの仲間たちが居心地悪そうにするという内容です。べつに歌詞に同性愛的表現があっても、男性が女性の気持ちになって歌っても何も悪いことはないのですが、ジェンダーとセクシュアリティに関するステレオタイプ、とくに男性はマッチョでヘテロセクシュアルでないといけないという同性愛嫌悪的な固定観念が強いためにこうしたことが起こると考えられます。

こんな中、代名詞を変えなかったり、変えても最小限にとどめたりすることで解釈に幅が生まれて、クィアな読みが可能になっている歌もあります。有名なところでは、中性的な美声で通常は女声が担当するような音域も歌えたジェフ・バックリィは女性歌手の歌を歌う時でもあまり代名詞などを変えておらず、男性が女歌をそのまま歌うことで独特の効果をあげていました（Goldin-Perschbacher, p. 214）。興味深い例はいくつかありますが、ここではビートルズとホワイト・ストライプスの例を紹介しようと思います。

ビートルズの「ボーイズ」'Boys'

ビートルズはアメリカのガールグループの曲をいくつかカバーしています。一九五〇年代から六〇年代頃までにアメリカを席巻したガールグループの曲にはジェンダーステレオタイプがあまり前面に出ないシンプルで親しみやすい内容のものも多く、こうした曲は代名詞などを少しいじれば男性歌手でもカバーしやすかったと言われています（Perone, p. 132）。

ビートルズがガールグループの曲を再解釈した例としては、モータウンのグループであるマーヴェレッツの曲をカバーした「プリーズ・ミスター・ポストマン」'Please Mister Postman' やドネイズのカバーである「デビル・イン・ハー・ハート」'Devil in Her Heart'（この曲の原題は 'Devil in His Heart' です）などが知られていますが、ここで注目したいのはシレルズのカバーでリンゴ・スターが歌った「ボーイズ」'Boys' です。原曲はシレルズが女性の視点で、男の子とキスをするとどんなに素敵なのかということを歌うものです。ビートルズのバージョンでは、視点人物が男性になるよう少し歌詞が変えられています。原曲では 'Mama'「ママ」が登場するところで、'My girl'「僕のカノジョ」が出てきたり、'when I kiss her lips'「僕がカノジョの唇にキスすると」のように代名詞 her が使われていたりするなど、語り手が女の子にキスする話が出てきます。これだけだと、よくあるヘテロセクシュアルなラブソングに聞こえます。

ところがビートルズはタイトルの 'Boys' をそのままにして、'Girls' にしませんでした。また、シレルズの原曲で'Don't ya know I mean boys'「つまりね、男の子のことだよ」などとなっている、'boys'に関する噂話のくだりがそのままになっています。このため、この曲は語り手が女の子とのキスについて考える部分と、やたらと男の子のことを考える部分からなっていて、バイセクシュアルな感じのする歌になっています。これは意図したものではないようですがファンの間では有名な話で、のちにポール・マッカートニー自身がゲイのラブソングのように聞こえる可能性もあることを示唆しています。

意図したものではなくても、この歌詞の変更の仕方には面白いところがあり、クィアな読みの可能性が開けます。語り手の男の子は女の子とキスしたことがあり、キスのおかげで女の子が喜んでくれることが嬉しいらしいのですが、一方で男の子のことも考えていて、セクシュアリティについて迷いがあるように聞こえます。この曲が全体的に明るく楽しい無垢な感じの曲であるせいで、女の子と男の子、どっちのことも考えてしまう語り手の心境はとても愉快で微笑ましいものに聞こえ、深刻な悩みの要素はありません。ビートルズ自身は意識していなかったかもしれませんが、この曲はバイセクシュアルの男の子がいろいろ恋について思いを馳せている楽しい曲に聞こえるようになっています。

ホワイト・ストライプスの「ジョリーン」'Jolene'

ビートルズの「ボーイズ」'Boys' は歌詞を少しだけ変えて後は変えなかったことから出てくる面白さがありましたが、一方で全く変えないで歌手のジェンダーが変わることにより解釈が変わることもあります。ホワイト・ストライプスがドリー・パートンによるカントリーの有名曲「ジョリーン」'Jolene' をカバーした時には、性別に関する単語が一切、変更されませんでした。歌い手は女性のパートンから男性のジャック・ホワイトに変わりましたが、物語は同じです。

この歌では、語り手は赤褐色の髪に緑の目をした美女ジョリーンに対して、自分の男性の恋人 'my man' を奪わないでくれと懇願します。パートンが歌った時には語り手が女性で、ジョリーンも女性なのでヘテロセクシュアルな恋愛の歌でした（ただし語り手もジョリーンに惹かれているのではないかというひねったクィア解釈も可能です）。一方、ホワイト・ストライプスのバージョンでは語り手が男性であるホワイトになったものの、語り手の恋人は男性のままで、それを奪おうとしているジョリーンは女性です。ホワイトはこの歌を絞り出すように哀願する声で歌っていますが、解釈によってはこの曲はバイセクシュアルの男性の恋人を美女ジョリーンに奪われそうになった男の絶唱となります。

ファンキーで不安な印象を与えるパートン版はやや曖昧で、どちらかというとジョリーンが本当に恋人を奪っていくつもりなのかわからないところがサスペンスになっています。かたや、ホワイト・ストライプス版はギラギラしたギターに泣きそうな叫び声が重なる絶望的な歌で、おそらくジョリーンと恋人は今にも出て行く瀬戸際なのではないかとも思えます。代名詞はそのままでアレンジを変えることで、この歌ははっきりしない不安に苛まれる女の歌から、悲劇的な男の恋歌に変わりました。

このように、英語のカバー曲を聞く時は性別を表す単語の変更の有無などに注意すると、原曲とはひと味違う解釈が出てくることがあります。さらにアレンジの違いや背景などを加味して考えると、いろいろな面白みが出てくることがあります。日本のポップスに慣れていると、歌手と歌の語り手のジェンダーが一致しないというのはよくあるのであまり気付きませんし、別に歌手と歌の語り手のジェンダーが一致しなくても全く問題はないのですが、英語の歌に触れる時は英語圏の習慣に沿って聴いてみるのもまた面白いかと思います。

ハリー・ポッターとイギリス文学における同性愛
――『ハリー・ポッターと死の秘宝』精読

ハリー・ポッターシリーズは既に初作刊行から二〇年以上たっていますが、いまだに子供たちに人気があります。シリーズの著者であるJ・K・ローリングは、最近はトランスジェンダーの人に対する偏見を煽るような発言がひどいですが、以前は比較的セクシュアリティについてリベラルで、アルバス・ダンブルドア先生はゲイだと思うと発言していました。これはファンの間で大きな議論を引き起こしており、小説からわからない設定で一貫性に欠けるとか、著者の意図にそって作品を読む必要はないとか、様々な批判があります。芸術作品は世に出た瞬間、受け手の自由な解釈にさらされるもので、必ずしも著者の意図にそって読む必要はないので、後者の主張は当然といえるものです。

しかしながら、私が非常に疑問に思っているのは、ダンブルドアがゲイなのは、本当に小説からわからないのか……？　ということです。

実は私は、（お恥ずかしいことですが）学生時代はあまりハリー・ポッターなどの現代小説に興味がなく、二〇〇七年のローリングのこの発言を全く知らない状態で日本語訳が出てから『ハリー・ポッターと死の秘宝』を読んだのですが、その時に「あ、ダンブルドアってゲイなのかな？」と思いました。その後、博士課程でファン研究などを始めてからローリングの発言を知り、ああやっぱりゲイだったんだ、と完全に納得しました。私以外にも、イギリス文学をかなり読み慣れている人で「読んだ時に気付いた」という読者が多少いたようです。少なくとも「小説からダンブルドアの性的指向は全くわからない」というわけではないのではないか……と思うので、この節ではなぜ原作からダンブルドアがゲイだと解釈できるのかを書いてみたいと思います。

その名を口にできぬ愛

まず、イギリス文学における同性愛の表現とその分析について、少しだけまとめておきましょう。第三部の『アナと雪の女王』の分析で少し触れましたが、イギリス文学史において大変有名な一節に、「その名を口にできぬ愛」（"the Love that dare not speak its name"）というものがあります。これはオスカー・ワイルドの男性の恋人だったアルフレッド・ダグラスの詩「ふたつの愛」（"Two Loves"）の最終行で、同性愛の婉曲かつ詩的な表現としてよく知られています。男性間性交渉が犯罪だったイギリスにおいて、同性愛はしばしば「口にできない」('unspeakable') ことと見なされていました。同性愛はずっといろいろなところにあるものなのですが、あまりはっきりとは描けなかったのです。

こうした背景もあり、イギリス文学（他の英語圏文学や英語以外の文学でもそういうところはあるでしょうが）においては、それとわからないように作品に同性愛を織り込んだり、また読むほうもはっきり明示されていない関係について同性愛を読み込んだりするような技術がかなり発達しています。これは以前にバズ・ラーマン論や『わたしを離さないで』論で紹介したクィア批評でとくに発達した読み方です。明示されてはいないものの、文学的慣習などからして同性愛者ではないかと考えられるキャラクターを、'coded gay character'、つまり「暗号化されたゲイのキャラクター」などと言います。J・K・ローリングはかなりイギリス文学の伝統にのっとって書く作家です。ダンブルドアの性的指向について考える際には、おそらくこうしたイギリス文学における慣習をおさえておいたほうが、より深い読みができるでしょう。

口にできない、昔好きだった人

まずは『死の秘宝』終盤で、ダンブルドアが、かつての友人であったゲラート・グリンデルバルドについてハリーに話すところを見てみましょう。若きアルバスが家族の世話をするため、魔法の探求をあきらめて故郷であるゴドリックの谷に戻ってきた時の焦燥を説明する場面です。

'Trapped and wasted, I thought! And then, of course, he came....'
Dumbledore looked directly into Harry's eyes again.
'Grindelwald. You cannot imagine how his ideas caught me, Harry, inflamed me. Muggles forced into subservience. We wizards triumphant. Grindelwald and I, the glorious young leaders of the revolution. [...]'（原書五七三頁）

「籠の鳥だ、才能の浪費だ、わしはそう思った！　そのとき、ちょうど、あの男がやってきた……」

ダンブルドアは、再びハリーの目をまっすぐに見た。

「グリンデルバルドじゃ。あの者の考えがどんなにわしを惹きつけたか、どんなに興奮させたか、ハリー、きみには想像できまい。マグルを力で従属させる。われら魔法族が勝利する。グリンデルバルドとわしは、革命の栄光ある若き指導者となる」（訳書下巻四九五頁）

日本語でもだいたい雰囲気はわかると思いますが、ここでダンブルドアが'inflamed'という言葉を使っているのがポイントです。これは「火をつける」という意味ですが、どちらかというと欲望を燃えあがらせるというようなニュアンスを持った動詞です。主語は'his ideas'、つまり「彼の考えていたこと」ですが、思想への共感を表すにしてはやや感情的な言葉遣いです。ここで「考え」を主語に持ってきているのは、自分の感情について言いよどんでいるからで、本当は'he'を主語にしたいのではないか、とも考えられます。ダンブルドアはいろいろ複雑なところがあるとはいえ、判断力も良心もある人物です。それにもかかわらずグリンデルバルドの危険思想に深入りしてしまった理由としては、考えに魅力を感じたというだけではなく、グリンデルバルド自体に欲望を感じて夢中になっていた可能性が考えられます。

さらに'Grindelwald and I'というふうに、自分たちを二人一組として考えていることもポイントです。ダンブルドアはこの後、'Invincible masters of death,

Grindelwald and Dumbledore! Two months of insanity, of cruel dreams'（原書五七四頁）「死の克服者、無敵のグリンデルバルドとダンブルドア！　二カ月の愚かしくも残酷な夢」（訳書下巻四九六頁）と述べており、単に死を克服することだけではなく、グリンデルバルドとペアでそれを行うことが大事だったことがわかります。「愚かしくも」というのは原文は'insanity'、つまり「狂気」で、感情に動かされ、理性を失ったことが示唆されています。全体的に、ダンブルドアがグリンデルバルドへの思いを描写する語彙は非常に感情的です。

ダンブルドアがここで回想している内容のもうひとつのポイントは、グリンデルバルドの邪悪さを自分が見ないようにしていたことへの後悔です。'Did I know, in my heart of hearts, what Gellert Grindelwald was? I think I did, but I closed my eyes.'（原書五七三―五七四頁）「心の奥の奥で、わしはゲラート・グリンデルバルドの本質を知っていたのだろうか？　知っていたと思う。しかし目をつむったのじゃ」（訳書下巻四九六頁）と、自分の「心」('heart')で感じていたことを否認していたとハリーに説明しています。若きアルバスがグリンデルバルドの欠点になんとなく気付きながら、それを無視していたのはなぜでしょうか？　単にグリンデルバルドの思想に共感していたからというだけではなく、グリンデルバルド自身のことが好きで離れられなかったからでしょう。この「好き」がどういう「好き」だったのかは明確に読み取れませんが、恋心と解釈する余地はあります。恋をすると相手の欠点が見えなくなってしまうというのはよくあることだからです。

さらにダンブルドアは'That which I had always sensed in him, though I pretended not to, now sprang into terrible being.'（原書五七四頁）「気づかぬふりをしてはおったが、グリンデルバルドにはそのような面があると、常々わしが感じておったものが、恐ろしい形で飛び出した」（訳書下巻四九七頁）と、グリンデルバルドが本性を露わにした時のことを回想しています。ここでグリンデルバルドの爆発を描写するダンブルドアの言葉は、まるで相手の乱暴な振る舞いにうすうすは気づいていながら恋に夢中でそれを否認していた若者が、相手に初めて暴力を振るわれて気づいた、とでもいうような表現です。日本語では「気づかぬふりをしてはおったが」というのが最初に来ていますが、英語ではこの部分にあたる'though I pretended not to'が挿入的に途中に入っており、ダンブルドアの口調には若干のためらいが感じられます。若き日のアルバスはグリンデルバルドの暴力性に気づいていながら、相手の魅力に惹かれて離れられなかったことがわかります。

この場面のダンブルドアの言葉をよく読むと、激しい感情がある一方、ためらいが感じられます。私は初めてこの部分を読んだ時、ダンブルドアは昔グリンデルバルドに恋をしていたけれども（グリンデルバルドが想いを返したのかは不明）、そのことをハリーに対して言いたくないのだ、と解釈しました。恋に溺れて危険思想に入れ込み、さらにそのせいで家族を失ってしまったなどというのは、率直に話すにはあまりにもショッキングな出来事です。しかも相手はまだ一〇代なのに苦労人の教え子で、とても話しづらいに決まっています。ダンブルドアにとって、グリンデルバルドに対する恋心は、社会的な偏見よりもむしろ自分のトラウマのせいで「口にできない」（'unspeakable'）ものになってしまっていると考えられます。ダンブルドアはハリー・ポッターシリーズでは数少ない、ヴォルデモートを「名前を言ってはいけないあの人」と呼ばずに名指しする勇気のある人物ですが、それでも口にしたくないものがあるのです。

リータ・スキーターは全く何にも気づいていないのか？

こうした読解をふまえて『死の秘宝』の前の部分を見てみると、いくつかこうした解釈を支持するような要素が見つかります。前半部分には、煽情的な記事が得意なジャーナリストであるリータ・スキーターが書いた『アルバス・ダンブルドアの真っ白な人生と真っ赤な嘘』をハリーとハーマイオニーが読む場面がありますが、この本の中でバチルダ・バグショットは大甥であるグリンデルバルドのことを'charming boy'(原書二九一頁)「魅力的な少年」(訳書上巻五一九頁)だったと回想し、グリンデルバルドと若きアルバスのことを'both such brilliant youngboys, they got on like a cauldron on fire'(原書二九一頁)「才気溢れる若い二人は、まるで火にかけた大鍋のように相性がよく」(訳書下巻五二〇頁)と述べています。ここにも、'inflamed'同様、火の比喩が出てきています。バチルダが恋心に気づいていたかどうかはともかく、若きアルバスとグリンデルバルドの間には、端から見てとれるくらいの情熱の炎があったらしいことがわかります。

バチルダの回想では、アルバスはグリンデルバルドと一日中一緒に過ごした上、さらに夜中にふくろう便で手紙を届けるなどということをしていたようです。引用されている手紙の文面はグリンデルバルドの思想を称賛するものですが、最後に'if you had not been expelled, we would never have met.'(原書二九一頁)「君が退学にならなければ、二人が出会うことはなかっただろう」(訳書上巻五二一頁)と言って相手が退学になったことを喜ぶ、恋文のような表現があります。

面白いのは、これに対するハーマイオニーの反応です。ハーマイオニーはダンブルドアの過去にショックを受けるハリーに対して、'even Rita can't pretend that they knew each otherfor more than a few months one summer when they were both really young, and –'（原書二九四頁）「さすがのリータでさえ、二人が知り合ったのは、ひと夏のほんの二カ月ほどだったということを否定できないし、二人とも、とても若いときだったし、それに……」（訳書上巻五二五頁）と弁護しています。この台詞はまるで「ひと夏の恋」の話でもしているようで、全体的にこの場面のハーマイオニーはかなり口ごもり気味です。ひょっとすると、ハーマイオニーは案外、このリータの本を読んだだけで、ダンブルドアとグリンデルバルドの間に何か色恋沙汰があったらしいことを察知しているのかもしれません。

不思議なのは、どうやら『アルバス・ダンブルドアの真っ白な人生と真っ赤な嘘』の中には、ダンブルドアがグリンデルバルドに恋をしていたというはっきりした記述がなさそうだということです。少なくとも『死の秘宝』を読むかぎりでは、リータがダンブルドアの同性愛に言及した気配はありません。リータは序盤で、'the whole Potter-Dumbledore relationship'「ポッター＝ダンブルドアの関係のすべて」が'unhealthy, even sinister'「不健全で、むしろ忌まわしい」（原書二八―二九頁、訳書上巻三九―四〇頁）と述べており、ダンブルドアのハリーに対する'unnatural interest'

（原書二九頁）「不自然な関心」（訳書上巻四〇頁）を告発しています。

リータは極めてやり口の汚いライターです。これだけ読むと、おそらくリータはダンブルドアがハリーに児童性愛的関心を抱いていたとほのめかしたいのではないか……と予想できます。リータのやり口からすると、ダンブルドアがグリンデルバルドに抱いていた関心をことさらに性的なものだったかのように書いて、ゲイのダンブルドアがハリーに性的関心を抱いていたという偏見まみれのでっち上げを行ったほうが中傷を行うためには有利なはずです。しかしながら、リータはダンブルドアとグリンデルバルドの関係についてははっきり描いていません。スキャンダルには目端の利きそうなリータですが、そんなことも思いつかないくらい三流の書き手なのでしょうか？

ハリー・ポッターシリーズの問題点

たぶん、この「リータがダンブルドアの同性愛を中傷しない」というところに、ハリー・ポッターシリーズにおける同性愛描写の限界があります。この作品は、法が同性愛を規制していた時代に培われたイギリス文学の伝統にのっとり、ほのめかしを繰り返すような形でダンブルドアの恋に言及しています。おそらくはかなりイギリス文学を読み慣れた大人しかわからないでしょう。

一方、ハリー・ポッターシリーズは児童文学として構想されており、主な読者は子どもであるはずです。そして、今のイギリスには同性愛を規制する法律はなく、本来であれば児童文学に明らかに同性愛者である登場人物が出てきても、描き方が子どもの発達にあわせたものであれば問題はないはずです。しかしながらハリー・ポッターシリーズにおけるダンブルドアの描写は子どもにわかるような明確なものではありません。さらに、リータを通して現代社会の同性愛差別を生々しく反映するような描写をすることも可能だったはずですが、児童文学としてはダークになりすぎると考えたのか、『死の秘宝』はこうした難しい課題を避けています。

全体としては、ハリー・ポッターシリーズにおいてダンブルドアが若い頃、男性に恋をしていたということはテクストから読み取れますが、ダンブルドアはその話をしたくないみたいだし、一方でそれがしっかりプロット上で掘り下げられていないところがいささかぬるい、という評価をしたいと思います。もちろん、ハリー・ポッターシリーズは他に面白いところがたくさんありますし、『ファンタスティック・ビーストと魔法使いの旅』などは似たようなモチーフをもっと上手に描いていたと思います。

さらに、ダンブルドアの同性愛が中途半端な形でしか描かれなかった結果としてリータのライターとしての才能のなさが強調されることになったとしても、リータに同情してくれる読者はいないでしょうが……。

しかしながら、注意していただきたいのは、べつにダンブルドアがゲイだという解釈を必ずしなくてもよい、ということです。私がここで提示した解釈は唯一の正解ではなく、単に著者であるローリングが主張している解釈はテクストから裏付けるのが可能だ、ということを示したものにすぎません。とんでもない大間違いさえしていなければ、読んだ人の数だけ、ダンブルドアの姿があってよいのです。テクストの魔法は、読む人によって効き方が違うのです。

レズビアン死亡症候群、サイコレズビアン
――ステレオタイプなマイノリティ描写はなぜ問題?

英語圏では日本よりも早くから同性愛者が出てくるテレビドラマや映画がメジャーになりました。一方で描き方がネガティヴだとか、型にはまっているという批判もあります。この節では、これまで英語圏のテレビや映画でレズビアンの女性がどのように描かれてきたのかということをざっくりおさらいしてみたいと思います。

ここで紹介するのはほんの一例で、他にもいろいろあるのですが、手はじめにいくつか、二一世紀の作品にもしばしば見受けられるものを紹介していきたいと思います。

とにかく不幸

英語圏で少し前によく言われていたステレオタイプとしては、レズビアンはみんな見た目や振る舞いが伝統的な男っぽさに倣っている、というものです。髪が短いとか、あっさりしたユニセックスな服装を好むとか、男性の間で流行っているような趣味を

愛好している、というのがその例です。もちろんそういうレズビアンもいるし、性的指向にかかわらず、伝統的に男性に人気があるもののほうが趣味にあうという女性はたくさんいます。一方、とくに男っぽい服装などに興味のないレズビアンもいるので、画一的なイメージばかりが流布するのはよくありません。

まだ日本のドラマではレズビアンのキャラクターは少ないと思うのですが、このようなステレオタイプについては、おそらく日本の今後のテレビ番組ではそんなに出てくることがないのではないか……と私は勝手に予想しています。というのも、日本の社会は見た目に関して保守的なところがあるので、テレビ製作者がレズビアンのドラマを作るとしても、視聴者受けを考えて伝統的な女性っぽい可愛らしさを備えた登場人物を出すほうを選ぶのではないかと思うからです。男っぽい服が好きなレズビアンよりも、女の子っぽいオシャレをするのが好きなレズビアンを多く見かけることになるかもしれません。

英語圏の同性愛表象で二〇一〇年代に問題になったのは、レズビアンにかぎらずセクシュアルマイノリティの登場人物がとにかく不幸になる話が多いということです。この話の型は「ベリー・ユア・ゲイズ」（'Bury Your Gays,'「ゲイ埋葬譚」くらいの意味）と言われています。昔の作品では登場人物が性的指向のせいで殺されたり、自殺したり、破滅するなど、まるで同性愛が悪いことで不幸の根源なのだというような表現が散見されます。古典的なところでは、同性愛の噂を立てられたせいでヒロインたちの人生が崩壊していく様子を描いたリリアン・ヘルマンの戯曲『子供の時間』（一九三四）とその映画化『噂の二人』（一九六一）などがあります。

おそらくこの変形と言えるもので、女同士の恋は真正のものではないから不幸な結末を迎えるだけで、本来、女性は男性を必要としているのだ、というオチになるものがあります。たとえばグレタ・ガルボが実在するスウェーデン女王を演じた『クリスチナ女王』（一九三三）では、ヒロインのクリスチナは侍女のエバに恋をしていますが、エバには実は男性の恋人がおり、クリスチナは手ひどく裏切られます。クリスチナは結局、男性であるスペイン大使アントニオと情熱的な恋に落ち、その結果退位しますが、アントニオとの恋もハッピーエンドにはなりません。この映画はガルボの演技と中性的な魅力が素晴らしい作品で、亡くなったアントニオを悼みつつ新しい人生に踏み出すクリスチナの姿は見ていて勇気が出ます。しかしながら、解釈によってはレズビアンの恋は不幸なだけで結局は女と男の恋こそがホンモノ、みたいに読めてしまう可能性もあります。こういう物語はこの後もずっと作られることになります。

同性愛が不幸な結末を迎える傾向は、同性愛自体の描き方があまりネガティヴでなくなってからも長く続きます。メジャーなハリウッド映画として初めてゲイの男性を主人公にしてヒットを飛ばした『フィラデルフィア』（一九九三）では、主人公がエイズで亡くなります。ゲイの恋愛ものとして画期的だった『ブロークバック・マウンテン』（二〇〇五）も主人公のひとりが死んで終わります。

レズビアンについては「デッド・レズビアン・シンドローム」（'Dead Lesbian Syndrome'、「レズビアン死亡症候群」）という言葉があるくらい深刻です。とくにアメリカのテレビドラマに登場するレズビアンの女性は死亡率が高いことで有名で、二〇一五―二〇一六年のテレビドラマシーズンで死亡したキャラクターのうち一割がセクシュアルマイノリティの女性でした。統計の取り方が若干異なるので単純比較はできませんが、このシーズンのテレビドラマのメインキャストのうち、セクシュアルマイノリティの人物は六・四パーセントだったことを考えると、アメリカのテレビドラマに出てくるセクシュアルマイノリティの女性登場人物は死ぬ確率がかなり高いことになります。

別に、恋が不幸な結末を迎えたり、登場人物が死んだりするからその作品がダメだ、というわけではありません。異性愛のロマンス映画である『カサブランカ』（一九四二）や『ローマの休日』は悲恋物ですが名作として名高く、『ブロークバック・マウンテン』もそういう悲恋映画の古典のひとつに数えられるでしょう。さらに、エルトン・ジョンの半生を描いた『ロケットマン』(二〇一九)のように、ゲイの主人公の恋がうまくいかなくてもかなりポジティヴに終わるという斬新な作品も登場しています。

問題は異性愛に比べて同性愛のほうがやたら悲劇的な扱いを受ける例が多いことです。ひとつひとつの作品ではなく、全体的な傾向が重要だと言えます。同性愛者の恋人同士も幸せになれる、というポジティヴなモデルを提示する作品が少ないのです。さらに、プロットが複雑なテレビドラマなどでは、シスジェンダーで異性愛者の登場人物のプロットを進めるためにセクシュアルマイノリティの登場人物、とくに女性が犠牲になるのが問題視されています。

しかしながら、このやたらとレズビアンが不幸になる傾向は、女性同士のカップルが別れそうで結局別れない様子を描いた『キャロル』(二〇一五)あたりから変わってきています。二〇一七年頃から、アメリカのテレビドラマでセクシュアルマイノリティの女性が死亡する事例は減少しています。レズビアン死亡症候群はだんだん改善の兆しを見せているようです。

サイコレズビアン

もうひとつ、かなり根強いステレオタイプがすでにアガサ・クリスティの節でも言及した「サイコレズビアン」です。同性愛者は悪人である、というのは古くから存在するステレオタイプで、やたらと他の女性に執着したり、ねたんだりして悪事に手を染めるレズビアンというのはお決まりのキャラクターです。これは「女は陰湿で精神不安定」というジェンダーに基づく偏見に、「レズビアンは他の女性に対して変態的な執着心を抱いている」というようなセクシュアリティに対する偏見が絡んだステレオタイプと言えます。

おそらく最も古典的なものは『レベッカ』（一九四〇）です。マンダレイ邸の主人であるマキシムの後妻になった「わたし」（ジョーン・フォンテイン）を、先妻レベッカの忠実な召使いであった家政婦長ダンヴァース夫人（ジュディス・アンダーソン）が執拗にいじめるという話なのですが、この作品のダンヴァース夫人はレズビアンで、亡きレベッカに強い執着心を抱いています。ネタバレで恐縮ですが、ダンヴァース夫人は不幸な最後を遂げることになります。

この手の作品はとてもたくさんあります。穏健なところでは『イヴの総て』（一九五〇）のイヴ（アン・バクスター）から、もうちょっと穏やかでないものとしては『乙女の祈り』（一九九四）、『バタフライ・キス』（一九九六）、『あるスキャンダルの覚え書き』（二〇〇六）などです。クリスティの節でもお話ししたように、二〇一五年にアガサ・クリスティの『そして誰もいなくなった』がBBCドラマになった際、登場人物のひとりであるエミリー（ミランダ・リチャードソン）がサイコレズビアン的な役になりました。これは原作に明示されていないので、原作を刷新しようとしてステレオタイプになってしまった例かと思います。こうした作品群の中にも出来が優れたものはたくさんあるのですが、やはりやたらと悪いレズビアンが出てくる全体的な傾向に問題があると言えます。

じゃあ人格に問題のあるレズビアンを映画やテレビに出してはいけないのか……と思う人もいるかもしれませんが、全くそういうわけではありません。既に、けっこう人格に問題のあるレズビアンやバイセクシュアルの女性が出てきているけれども、女性嫌悪や同性愛嫌悪があまり感じられない、奥行きのある作品というのはいくつか作られています。バイセクシュアルの女性たちが一八世紀の宮廷で右往左往する時代もの『女王陛下のお気に入り』（二〇一八）は、アン女王の寵愛をめぐる女官たちの争いを単なる「女は陰湿」というステレオタイプに陥らないブラックユーモアと深みを持たせて描いた政治諷刺劇です。『ある女流作家の罪と罰』（二〇一八）は実在するレズビアンの犯罪者リー・イスラエルの半生をメリッサ・マッカーシー主演で描いた作品ですが、あまり人好きのしないワルな女を、平面的でない人物として丁寧に描いています。工夫次第でいくらでも、ステレオタイプを避けつつ複雑な人物を描くことができるのです。

ここまで見てきた通り、ステレオタイプというのは個々の作品を見ているだけではよくわからず、多くの作品から傾向を抽出すると見えてきます。特定の人々に特定のネガティヴな性質や展開が結びつけられ、その後に作品を作る人たちもついつい昔からあるアイディアに頼ってしまう……というようなことが繰り返されて、だんだん陳腐なステレオタイプが力を伸ばすことになります。見ている人たちのほうも、そうした描写を見慣れていると、現実に生きている人々にステレオタイプを投影しがちになります。さらに、差別されている属性の人たちがステレオタイプを内面化し、悩んでしまうこともあります。ステレオタイプを避けるには、周りを良く見て、面白いことをしようとして実は古くさいことを繰り返していないか、内省することが必要です。

このあたりに興味のある方は、ハリウッド映画におけるセクシュアルマイノリティ表現を分析したドキュメンタリー『セルロイド・クローゼット』を是非ご覧ください。『フィラデルフィア』あたりまでの映画史を丁寧にたどった作品です。

発達障害と診断された私
――ASDとADHDだとわかるまでに出会った本や映画について

突然ですが、私は二〇二二年、三九歳のときに病院で発達障害だと診断されました。軽い自閉症スペクトラム障害（ASD）と注意欠陥多動障害（ADHD）だということです。自閉症スペクトラム障害はコミュニケーションがうまくできず、特定のものに強いこだわりがある症状、注意欠陥多動障害は文字通り注意力散漫とか多動の症状を示す障害です。自分から検査を受けに行ってわかったので、とくに驚きはなかったのですが、この経験について書いてみたいと思います。「自分は発達障害なのでは？」と思っている人などに、多少なりとも情報を提供できると良いと思っているからです。

ちっちゃな頃から

私は小さい頃から友だちがとても少なく、人と話すのも苦手でした。完全に信頼できると思ったごく少数の相手としか親しくならず、みんなと仲良くする必要はないと思っていました。人の目を見て話せなかったので、一〇代の頃には肖像画に目を描かないアメデオ・モディリアーニの絵に夢中になりました（今でも大好きです）。挨拶をするとか、人の会話に入るとかもほとんどできませんでした。文字に強いこだわりがあり、書き方を覚えるとすぐに自分でノートにいろいろなことを書いて「お話」を作っていた覚えがあります。友達と遊ぶよりは本を読んだり、何か書いたり、映画を見たりするほうが好きな子どもでした。また、これはすでに私の編著である『共感覚から見えるもの――アートと科学を彩る五感の世界』（勉誠出版、二〇一六）を含めていろいろなところで書いているのですが、文字と楽音に対する共感覚（ひとつの感覚に対する刺激から他の感覚が誘発される現象）がありました。

両親は私に何か変なところがあるとは思っていなかったのですが、高校に入ったくらいから、友だちに「自閉症なのでは？」と言われるようになりました。しかしながら、日常生活にとくに支障をきたさなかったので、病院に行ったほうがいいというようなことはまったく考えていませんでした。

クイックシルバーのおかげで

自分にどうも発達障害があるのでは……ということを真面目に考えはじめたのは、二〇一〇年代の後半くらいになってからです。まず、一緒に暮らしている連れ合いから、「周囲の人間をエミュレートしているサイボーグみたいだ」と言われました。どうも大変、思い当たるところがありました。たしかに私は機械みたいなペースで仕事をするのですが、他人の感情などがほとんどわからないので、人前に出ると周りの人を真似ることで乗り切っています。

もうひとつ、私が発達障害の可能性を考えるきっかけになったのが、大学に就職したことです。私は大学教員の業務のうち、ほとんどはだいたい問題なくこなせるのですが（むしろ他の人より早く終わらせられることが多かったです）、ごく一部だけ、まったくできない業務がありました。こういう業務を割り振られると吐きそうなくらい疲弊するので、周りの人を真似てごまかしていたのですが、だんだん学内で責任ある仕事をまかせられるようになると、それでは乗り切れないのでは……と思うことも増えました。

こういう日常生活でのちょっとしたトラブルに加えてあれっと思うようになったのが、どうも発達障害らしいキャラクターというのが映画やテレビドラマにけっこう出てくるようになったことです。私は『X－MEN：フューチャー&パスト』（二〇一四）に出てきたピーター・マキシモフことクイックシルバー（エヴァン・ピーターズ）がものすごくお気に入りなのですが、なぜかというと、このキャラクターはとにかく考えたり行動したりするスピードが速くて、ひとりでなんでもやってしまうからです。私は異常にせっかちで、ほとんどのことは即決し、周りの人の判断が遅すぎてイライラするということがしょっちゅうあるので、そういう自分と同じようなスーパーヒーローが出てきたのはとても新鮮でした。

ところがクイックシルバーに関する批評とかファンアートを検索していると、Redditあたりで「クイックシルバーってなんかイラつく感じだよね」「自閉症スペクトラム障害なんだよ」みたいなことが言われているではないですか……私はクイックシルバーがイラつく振る舞いをしているということに全く気付いていなかったので、ここで（1）自分の振る舞いは他人をイラつかせているらしい（2）クイックシルバーも私も自閉症スペクトラム障害なのかも、ということに思い当たりました。

二〇一六年には『バットマンvsスーパーマン　ジャスティスの誕生』にバリー・アレンことフラッシュ（エズラ・ミラー）が出てきましたが、フラッシュもかなり自分に近いと思えるキャラクターでした。やはり異常なスピードと不審な挙動が特徴です。

フラッシュもやはり当事者を含めた多くの観客から発達障害では……などと言われています。エズラ・ミラーはおそらくメンタルヘルスの問題で何度も暴力沙汰を起こしており、後続作の『ザ・フラッシュ』(二〇二三)も当たらなかったので、キャラクター自体の先行きがあやしくなってきています。私もこれに関してミラーはきちんと責任をとるべきだと思っているのですが、少なくともDCエクステンデッド・ユニバースに発達障害をリアルに表現したキャラクターが出てきたことは評価すべきだと思っています。

私の疑いをさらに強めたのは、『ファンタスティック・ビースト』シリーズのニュート・スキャマンダー(エディ・レッドメイン)でした。私は『ハリー・ポッター』シリーズよりもプリークェルの『ファンタスティック・ビースト』シリーズのほうがはるかに好きなのですが、これはニュートがとても自分に近いと思えるキャラクターだったからです。

これについて、私はニュートがいかにもな研究者タイプだからだと思っていたのですが、自閉症啓発を目指して作られたニュートに関するファン動画とそこについたYouTubeコメントを見て、自分がニュートが好きなのは発達障害だからなのかも、クイックシルバーとフラッシュに続いてまたもや……と思いました。演じているエデイ・レッドメイン自身、ニュートは自閉症スペクトラム障害だろうと言っています。『ファンタスティック・ビースト』シリーズもJ・K・ローリングやエズラ・ミラーのスキャンダル、さらには脚本の迷走のせいで先行きが極めてあやしいのですが、ニュートじたいはとても魅力的なキャラクターだと思います。

このようなことが続いたのですが、一方でこういう映画に出てくるキャラクターはみんな男性です。もう少し情報はないだろうか……と思ったところ、サラ・ヘンドリックス『自閉スペクトラム症の女の子が出会う世界――幼児期から老年期まで』（堀越英美訳、二〇二一）が出ました。これを読んだところ、思い当たるところばかりでした。女性のASDは発見されにくいらしいのですが、「ASDの女性は、ASDの脳が得意とするシステム化によって他者の能力を研究・再現することで、普通の人に擬態して社会参加できるのではないか」（訳書三三頁）という仮説は、まさに私が連れ合いに言われたことそのままです。

診断が出る

発達障害の検査を受けようと決めたのは、二〇二二年二月にメンタルクリニックとカウンセリングに行ったことがきっかけです。私は二月に不眠になり、生まれてはじめてメンタルクリニックに行ったのですが、そこで出された薬がまったく合いませんでした。そのため、メンタルクリニックをやめてカウンセリングに行ったのですが、そこでもらった人間のネガティヴな思考経路とか人間関係とかに関する説明の資料がほとんど理解できなかったのです。「こういうときに人間はこのような行動をしがちである」というようなことが書かれた資料をもらっても、私はなぜそういうときに人間がそんな行動をとるのか、カウンセラーに丁寧に説明してもらったのにピンときませんでした。自分はそういう行動をとらないからです。このとき、自分の精神の健康状態を理解するためには発達障害の検査を受けたほうがいいのではないかと思いました。

大人が発達障害の検査を受けられる機関はそれほど多いわけではなく、お金も時間もかかります。検査は図形やら数字やらをたくさん扱うもので、集中力を使うのでわりと疲れました。このあたりをすべてすませたところ、六月半ばに軽い自閉症スペクトラム障害と注意欠陥多動障害だという診断が出ました。驚きはなく、やっぱりか……という印象でした。

軽度でそこまで日常生活に支障がないということもあり、投薬などはなしで、診断書だけもらって帰ることになりました。病院では「薬を飲んだからといって人の気持ちが急にわかるようになるわけでもありませんし」と言われたのですが、そのとき思ったのは、「別に今から人の気持ちがわかるようにならなくてもいいのでは？」ということです。そもそも、私は三九年、人の気持ちがよくわからない状態で暮らしてきて、それが自分としては平常の状態でした。映画とか小説ではなく日常生活で「人の気持ちがわかる」というのがどういう状態なのか私にはよく理解できず、飛行機を操縦するとか細密画を描くみたいな、やったことのない特殊技術と同じくらい遠いものに思えます。また、人の気持ちがわかるようになると、ひょっとして今とは違ういろいろな危険があるかもしれません。私は周りの人と同じように振る舞えない自分を好きになるのにずいぶん時間がかかったので、今からまた自分や他人をキライになる可能性があるようなことは別にしたくありませんでした。

それでも日常生活には良い影響があったと思います。今までできなくてイライラしていた仕事などがなぜできないのかという理由がわかったので、少し気が楽になりました。発達障害が原因で問題が起こったら周囲に助けを求めればよいということもわかりましたし、どういうルートで支援をあおげばいいのかというようなことも多少は把握できました。

そこで診断が出てから見はじめたのが、ＭＣＵが二〇二二年六月から配信しはじめたドラマ『ミズ・マーベル』です。このシリーズに出てくるミズ・マーベルことカマラ（イマン・ヴェラーニ）はおそらくＡＤＨＤであるような描き方になっています。クリエイターのひとりであるビシャ・Ｋ・アリ自身がＡＤＨＤで、それについて言明しています。

ここまでで私がピンときた作品に出てきていた発達障害のキャラクターは皆男性でしたが、カマラは女性です。このタイミングでこういうドラマが出てきたことは本当に嬉しいと思いましたし、きっと発達障害を持っている女の子にとってはとても心強いヒーローだろうと思います。

どうもありがとう、パメラ・アンダーソン

二〇二三年にNetflixで配信されたライアン・ホワイト監督のドキュメンタリー番組『パメラ・アンダーソン、ラブ・ストーリー』を見るまで、私はパメラ・アンダーソンのことをほとんど知りませんでした。モトリー・クルーはよく聴くバンドなのでドラマーのトミー・リーの元妻だということは覚えがあったのですが、ぼんやり「ロックスターと結婚していた美人女優だっけ」程度の知識が頭に入っているだけでした。パメラの出演作で一九九〇年代に人気があったドラマシリーズ『ベイウォッチ』も見ていなくて「なんか浜辺を走ってるやつ」程度のイメージでしたし、夫のトミーとのセックスを撮ったテープが流出したというような話は聞いたことがあったのですが、非常にくだらないゴシップだと思ったので全然、詳しい情報を調べたこともありませんでした。だって夫婦がセックスするなんて当たり前の日常生活の一部じゃないですか！　私はセレブリティだろうが近所の人だろうが他人の暮らしぶりにはほとんど興味がないので、プライバシーを侵害してまで他人の日常生活を見て何が楽しいんだろ

う、ただの犯罪じゃないか……と思うだけで、何の興味も持っていませんでした。そんな私が『パメラ・アンダーソン、ラブ・ストーリー』を見たのは、人にすすめられたからです。知り合いに面白いとすすめられ、家に帰ってネットで調べてみたらけっこうな高評価で、メディアによる女性いじめみたいな社会問題もちゃんと扱っている……という感想が目に入ったので、ほとんど前提知識なしで見ました。見た後、ちょっとビックリしました。あまりにもパメラ・アンダーソンの経験が私に近かったからです。

こんな美人が私と同じことで悩んでる！

おかしいですよね！　カナダ出身の超ゴージャスでスポーティなプレイメイトと、日本出身の運動神経ゼロでパッとしない非社交的なシェイクスピア研究者の間にいったいどういう共通点があるというんでしょう。もし私とパメラが『ベイウォッチ』みたいに一緒にビーチを走ったら、パメラははるか先に行っているのに、私は五秒で転んで足にアザを作って砂に埋もれているでしょう。パメラと私の間には女性だということ以外ほとんど似たところがないように思えます。

しかしながらこれは大きな間違い……というか、私が長いこと頭ではわかっていてもなかなか心理的に認識できていないのが、男性中心的な社会では美人だろうが美人でなかろうが、同じメカニズムで抑圧されるということです。パメラ・アンダーソンみたいなものすごい美人は何か我々のような凡人とは違う幸運に恵まれた別の種族であるような印象を抱いてしまいがちですが、本当はそんなことはありません。『パメラ・アンダーソン、ラブ・ストーリー』のインタビューによると、子どもの頃のパメラは、雑誌に出てくるようなモデルや学校で人気がある子などに比べて自分は可愛くないと思い込んで劣等感を抱き、自分の体にネガティヴなイメージを持っていたそうです。あんなに可愛いのに、私と同じじゃないですか！

これは現代社会におけるルッキズムの複雑な作用によるものです。ルッキズムの悪影響というのは美人を優遇し、美人でない人を貶める……という単純な働きにとどまるものではありません。社会における美の基準というのはとても恣意的です。社会はそこに住んでいる人、とくに若い女性に対して、非常に非現実的で時として相互に矛盾した評価基準を押しつけてくるので、はたから見ると充分魅力的に思える人であっても常に自分は要求される美の基準を満たしていないのではないか……と不安にかられることになりがちです。

とても可愛らしいのにこんなルッキズムの内面化のせいであまり自分に自信がなか

ったパメラは、少女時代から性的被害に遭い、深く傷ついていました。このあたりをパメラが語るくだりは悲惨なのでちょっと覚悟して見たほうがいいかもしれません。グラマーモデルとしてゴージャスな衣装や靴を身につけ、セクシーで華やかな女性という役柄をまとって撮影をするようになって、ようやく自分に自信が持てるようになったそうです。しかしながら瞬く間に時代を象徴するセックスシンボルの地位にのぼりつめたパメラは、常に下世話な関心にさらされ、身体だけで中身のない空っぽな女の子として扱われるようになります。『ベイウォッチ』に出演してキャリアを築き、トミー・リーと結婚しても、私生活に対する詮索は増すばかりでした。

女性だけを貶めるメディア

そんなパメラの人生にとって大きな転機となってしまった最低の出来事が、一九九〇年代半ばに起こったトミーとの夫婦の性生活を撮ったビデオの流出です。ホームビデオが盗まれて夫妻の許可なく頒布され、パメラの手には全くお金も入ってきませんでした。妊娠中のパメラは訴訟を起こしますが、裁判では性生活のことを根掘り葉掘り聞かれ、マスコミには面白おかしくネタにされ、追い詰められて訴訟を諦めることにします。

ドキュメンタリーの中でパメラが明確に言っていますが、このセックステープ流出事件はパメラのキャリアにものすごい悪影響を及ぼしました。夫のトミーは男性で、既にロックスターとしての地位を確立しています。モトリー・クルーはハチャメチャなイメージがあるバンドでもあり、一時的にはやし立てられてつらいことはあっても、トミーのミュージシャンとしてのキャリア自体がこの出来事で定義されてしまうようなことはありません。私たちがトミー・リーと言われてまず思い浮かべるのは回転するドラムキットで派手なソロを叩いているところであり、セックステープ流出事件ではないと思います。スキャンダルがあっても、変人の男性ロックスターだからまあそういうことも……というような感じで大目に見られてしまいます。

一方でパメラの場合は全く事情が違いました。グラマラスなお色気が売りのセックスシンボルだったパメラは、この事件のせいですっかり「セックステープの人」というイメージがついてしまいます。私生活のビデオが流出するというのはひどいプライバシー侵害行為なのですが、肉体を売りにしているふしだらな女ならそういうことがあっても仕方ないし、自業自得だ……みたいな偏見に満ちた態度をとられ、テレビではその後長いこと笑いものにされます。あまりにも長いことこの件が引き合いに出されるので、忘れて前に進むということができなくなってしまいます。

クズどものオモチャか、かわいそうな被害者か

私は別に自分のセックステープが流出したことはありませんし、パメラみたいにみんなが興味を持つようなゴージャスでホットな女性はありません。無名の研究者です。ところが私はパメラより規模はだいぶ小さいものの、そっくりな経験をしました。

二〇二一年の春、私は面識がなく、会ったことも言及したこともない男性研究者から、ツイッターの鍵アカウントで長期間にわたって誹謗中傷されていたことを突然知りました。全然知らない相手からそんなにしつこく悪口を言われていたというのはショックでした。ところがさらにショッキングだったのは、私のほうが悪口を言われて当然だという人たちが大勢出てきて、さらに私をネットで誹謗中傷しはじめたことです。なぜかって？　私が女性でフェミニストで、おかしいと思ったことはなんでも我慢しないで批判するからです。

パメラは美貌とそれを生かした仕事のせいで、セックステープが流出してバカにされても、女を武器にしたせいだから自業自得だと言われる状況に追い込まれました。私はフェミニストで専門知識を生かした仕事をしているせいで、ネットいじめを受けても女を武器にしたせいだから自業自得だと言われ続けています。結局、女性は美貌

を使おうが専門知識を使おうが、人が気に入らないことをすれば、すぐに野次馬のオモチャにしていい存在に貶められます。

この原稿を書いている時点ですでに誹謗中傷事件から三年半が経っていますが、私に対する誹謗中傷はまったくやむことがなく、何度も訴訟を起こさないといけないような事態に追い込まれています。たとえば私は日本語版ウィキペディアで一四年間活動しているのですが、全然関係ないはずのウィキペディアでも継続的に私に対するネットいじめが行われています。二カ月くらい前に突然、ウィキペディア内で他のユーザの会話ページに捨てアカウントが現れ、私が「自身の性的魅力を前面に出して編集活動を進め」ているというメチャクチャな嘘っぱちを書き込みました（何を書いたか見たい方は参考文献リストを見てください。なお、これでもまだ人に見せられるくらいはマシなほうの中傷です）。こういうことが定期的に起こります。私はネットで女嫌いの連中からオモチャにしていい対象だと見なされているということです。

『パメラ・アンダーソン、ラブ・ストーリー』でも示されていますが、女叩きのターゲットになった女性にとってつらいのは、いつまでもそれだけで定義され続けることです。パメラはセックステープ流出の人になってしまいましたし、私はネットで悪口を言われた人になってしまいました。パメラは女優として記憶してもらえないし、私は研究者、批評家として扱ってもらえなくなります。パメラも私も、形は違ってもどちらもあまり型にはまった暮らし方はできないタイプだと思いますが、そのせいで罰されました。女叩きに批判的で同情してくれる人たちですら、パメラや私みたいな女性のことを犠牲者だと思っていて、かわいそうな被害者という型にはめます。私たちは永遠に嘲笑され続けるので、悪くてクズどもが遊んでいいオモチャ、良くても犠牲者という立場から出してもらえなくなります。

型から出られるように

『パメラ・アンダーソン、ラブ・ストーリー』は、言ってみれば貶められていたオモチャに人間としての尊厳を取り戻す試みです。パメラを犠牲者という型にはめず、キャリアや私生活について悩んでいる等身大の大人の女性として描いています。もちろんセックステープ流出事件は大変なことだったので、人生の中でそれを避けて通ることはできません。しかしながらこのドキュメンタリーは、現在のパメラが中年になってからもパフォーマーとして真面目に自分の人生に向き合っていることを丁寧に撮っています。この作品のパメラは「セックステープの人」ではなく、いろいろトラブルも抱えつつ頑張っている女優さんです。何もかも順調というわけではありませんが、頑張って生きていればいつかはいいこともある……みたいな希望が持てる内容になっています。

私が受けた被害はパメラに比べればとても小さいものだと思います。全国ネットのテレビでバカにされたりはしていません。日本の変な研究者からこんなに共感されていることを知ったらパメラはびびってしまうかもしれません。でも、ひとつ言えることは、私もパメラもこんなひどい目にあう筋合いは全然ありませんでした。『パメラ・アンダーソン、ラブ・ストーリー』は、女叩きのターゲットになった人にとって、自分と同じような経験をした人が他にもいて、忘れることはできなくても前に進むこともできるんだ……ということを教えてくれる作品です。それを教えてくれただけでも、私はお礼を言いたいと思います。どうもありがとう、パメラ・アンダーソン。

単行本版あとがき　批評家は探偵

イギリスの有名なミステリ作家G・K・チェスタトンの短編「青い十字架」に、「犯罪者は創造的な芸術家だが、探偵は批評家にすぎない」という有名な言葉があります。たしかに、批評家はテクストを犯罪現場みたいに嗅ぎ回り、犯罪者、つまり芸術家がばらまいた手がかりを見て、ヘマを探し出そうとやっきになる探偵で、あまり独創性がないかもしれません。でも、この本に登場したミス・マープルのような名探偵は、何が何だかわからないカオスから正しいものを救い出してくるヒーローです。私は批評家にすぎませんが、ミス・マープルと同じような仕事だと言われるならばそれは光栄です。

この本には二五本のエッセイが入っていますが（単行本時──編集部注）、これは全部、私が探偵のつもりで担当した事件だと思っています。私がふだん書いている学術論文などに比べるとけっこうゆるーい感じを心がけているので、よく考えると、それではあんまりちゃんと解決していないいんじゃないか、という事件もあるかもしれません。それでも全部フェミニスト探偵として、できるだけ解決の糸口を指し示したつもりです。

批評のいいところは、完全に解決されたケースはないということです。ここでとりあげた作品や事項について、全然違う分析ができるなと思った方もいると思います。もしそうなら、ぜひやってみてください。一見、完璧に筋が通っているように見える説得力ある読みでも、よく考えるとさらに面白い読みが提示できる可能性があります。そして、大事なのはこの本がフェミニスト批評の本だということです。まえがきで書いたように、私たちはフツーに生きているだけでいろいろな偏見を身につけてしまって、檻に入ったような状態になっています。第一部に入っている「檻に入っているのは、犬じゃなくて私――ヴァージニア・ウルフ『フラッシュ』」では、犬のフラッシュよりもむしろ飼い主のエリザベスが社会という檻に入れられていました。私を檻から出してくれたのは文学とフェミニズムでした。わんこを連れて逃げたい時に、文学や芸術が助けてくれることもあるのです。

この本に入っているエッセイの大部分は、二〇一五年一〇月一〇日からサイゾーのウェブサイトであるｍｅｓｓｙで始めた連載記事で、その後姉妹サイトｗｅｚｚｙに移行されました。一度も連載をしたことのなかった私に声をかけてくださった金子あきらさん、書籍化のお話を持ってきてくださった乗冨悠湖さん、書籍化を快諾してくださった書肆侃侃房に感謝したいと思います。また、金子さんに紹介してくださった紺野正武さん、毎月やっている映画鑑賞研究会でいろいろヒントをくださった聖学院大学の畠山宗明さん、元観客発信メディアＷＬの片山幹生さん、研究仲間で明治大学の坂本邦暢さんにもお礼申し上げます。第四部でさりげなく出てきたパートナーの永井大輔と、私の両親である北村洪史・淑子にもお礼を言いたいと思います。

文庫版あとがき　お砂糖とスパイスの賞味期限

『お砂糖とスパイスと爆発的な何か』の単行本を書肆侃侃房から刊行してから六年近くたちました。サイゾー傘下のサイトであるｍｅｓｓｙ（のちのｗｅｚｚｙ）でもとになる連載を始めたのは二〇一五年一〇月なので、私が「お砂糖とスパイス」を冠した企画を初めてからもう九年近く過ぎたことになります。ウェブ連載は単行本刊行後も続けていましたが、二〇二三年一二月、ｗｅｚｚｙじたいの終了とともに連載も終了しました。

連載「お砂糖とスパイスと爆発的な何か」は、ジェンダー関係の批評なら何でも書いていいというゆるい縛りのコーナーだったので何でも書くことができました。私が書き手として成長するにあたってとても大きな存在だったと思います。それも一区切りということになったし、ここでもうお砂糖とスパイスは終わりかな……と思っていたところ、筑摩書房からお話が来て、このたび文庫版をお届けすることになりました。単行本収録作に加えて、それ以降の連載記事数本と書き下ろしも一本入っています。『お砂糖とスパイスと爆発的な何か』の本を作ったときは正直なところ、売れるとは思っていませんでした。何しろ日本では全然上演されないようなアイルランドの劇作家の作品とか昔の映画とか、誰が読むんだろう……みたいななじみのない内容ばかりです。まあ外国文学とか外国映画のファンや、大学で勉強している学生なんかは読んでくれるかもしれませんが、それ以外に読者がいるとは思えなかったのです。どういうわけだか『お砂糖とスパイスと爆発的な何か』はなぜかこの種の本としてはかなり好評で、何度も重版し、毎年大学入試の問題に使われ、さらには文庫化されることになりました。この文庫版も多くの方に読んでいただければな……と思っています。お砂糖やスパイスはお菓子などの食べ物の保存料がわりに使われますが、まだ賞味期限は切れていないようです。タイトルどおりけっこう長持ちしたのは実に嬉しいことです。

しかしながら私がもっと嬉しいと思っているのは、『お砂糖とスパイスと爆発的な何か』の後、私より若いライターや研究者がジェンダーやクィア系の一般書をどんどん出してくれるようになったことです。私が最初に連載のお話をいただいた時は、ジェンダーやクィアというともっぱら専門家向けで、一般読者向けのゆるめのブログとか批評はまだそんなに流行っていませんでした。私がフェミニスト批評をやっていたのは、誰かがやらないとな……と思っていたからというのもあります。

その頃と今では事情が違います。私が書かなくても、誰か別の人が面白いフェミニスト批評をどんどん書いてくれるような状況になりました。この文庫を手に取った方がお砂糖とスパイスを摂取して、自分なりの別の調味料を加えて何かまた新しいものを生み出していただければな……と思っています。たまに変なスパイスを入れて失敗することもあるかもしれませんが、すごいレシピも生まれるかもしれません。

最後に、文庫化にあたって助力をくださった方々にお礼を申し上げたいと思います。担当編集者の藤岡美玲さんには筑摩書房で『批評の教室』を作って以来迷惑をかけっぱなしなので、深くお礼とお詫びを申し上げます。連載の担当編集者で現在は太田出版におられる金子昂さん、単行本を作って以降いろいろお世話になっている書肆侃侃房の皆様にも再度お礼を申し上げます。また、『批評の教室』を一緒に作り、それ以降も『パメラ・アンダーソン、ラブ・ストーリー』のことを教えてくれるなど、私が好きそうな作品をいつもすすめてくれる元指導学生の飯島弘規さんにも感謝します。

二〇二四年一一月　ダブリンの大学職員寮にて、ラザニアに塩とナツメグを入れすぎたことを後悔しながら

北村紗衣

ちくま文庫

［増補］お砂糖とスパイスと爆発的な何か
不真面目な批評家によるフェミニスト批評入門

二〇二五年二月十日　第一刷発行

著　者　北村紗衣（きたむら・さえ）

発行者　増田健史

発行所　株式会社　筑摩書房
東京都台東区蔵前二―五―三　〒一一一―八七五五
電話番号　〇三―五六八七―二六〇一（代表）

装幀者　安野光雅

印刷所　三松堂印刷株式会社

製本所　三松堂印刷株式会社

ISBN978-4-480-44008-2　C0195

ムーミンを読む　冨原眞弓
ムーミンの第一人者が一巻ごとに丁寧に語る、ムーミン物語の魅力！　徐々に明らかになるムーミン一家の過去や仲間たち。ファン必読の入門書。

クマのプーさん エチケット・ブック　A・A・ミルン　高橋早苗訳
『クマのプーさん』の名場面とともに、プーが教えるマナーとは？　思わず吹き出してしまいそうな可愛らしい教えたっぷりの本。（浅生ハルミン）

魂のこよみ　ルドルフ・シュタイナー　高橋巖訳
悠久をへめぐる季節の流れに自己の内的生活を結びつけ、魂の活力の在処を示し自己認識を促す詩句の花束。瞑想へ誘う春夏秋冬、週ごと全52詩篇。

新編 ぼくは12歳　岡真史
12歳で自ら命を断った少年は、死の直前まで詩を書き綴っていた。――新たに読者と両親との感動の往復書簡を収録した決定版。（高史明）

心の底をのぞいたら　なだいなだ
つかまえどころのない自分の心。知りたくてたまらない他人の心。謎に満ちた心の中を探検し、無意識の世界へ誘う心の名著。（香山リカ）

生きることの意味　高史明（コ・サ・ミョン）
さまざまな衝突の中で死を考えるようになった一朝鮮人少年。彼をささえた人間のやさしさを通して、生きることの意味を考える。（鶴見俊輔）

まちがったっていいじゃないか　森毅
人間、ニブイのも才能だ！　まちがったらやり直せばいい。少年のころを振り返り、若い読者に肩の力をぬかせてくれる人生論。（赤木かん子）

星の王子さま、禅を語る　重松宗育
『星の王子さま』には、禅の本質が描かれている。住職でアメリカ文学者でもある著者が、難解な禅の哲学を指南するユニークな入門書。（西村惠信）

友だちは無駄である　佐野洋子
でもその無駄がいいのよ。つまらないことや無駄なことって、たくさんあればあるほど魅力なのよね。一味違った友情論。（亀和田武）

自分の謎　赤瀬川原平
「眼の達人」が到達した傑作絵本。なぜ私は、ここにいるのか。自分が自分である不思議について。「こどもの哲学　大人の絵本」第1弾。（タナカカツキ）

猫語の教科書

ポール・ギャリコ
灰島かり訳

ある日、編集者の許に不思議な原稿が届けられた。それはなんと、猫が書いた猫のための「人間のしつけ方」の教科書だった……⁉（大島弓子）

猫語のノート

ポール・ギャリコ
西川治写真
灰島かり訳

猫たちのつぶやきを集めた小さなノート。その時の猫たちの思いが写真とともに1冊になった。『猫語の教科書』姉妹篇。（大島弓子・角田光代）

アーサー王の死
中世文学集Ⅰ

T・マロリー
厨川（くりやがわ）文夫／圭子編訳

イギリスの伝説の英雄・アーサー王とその円卓の騎士団の活躍ものがたり。厖大な原典を最もうまく編集したキャクストン版で贈る。（厨川文夫）

炎の戦士クーフリン／黄金の騎士フィン・マックール

ローズマリー・サトクリフ
灰島かり／金原瑞人／久慈美貴訳

神々と妖精が生きていた時代の物語。かつてエリンと言われた古アイルランドを舞台に、ケルト神話に名高いふたりの英雄譚を1冊に。（井辻朱美）

ギリシア神話

串田孫一

ゼウスやエロス、プシュケやアプロディテなど、人間くさい神々をめぐる複雑なドラマを、わかりやすく綴った若い人たちへの入門書。

ケルト妖精物語

W・B・イエイツ編
井村君江編訳

群れなす妖精もいれば一人暮らしの妖精もいる。不思議な世界の住人達がいきいきと甦る。イエイツが贈るアイルランドの妖精譚の数々。

ケルトの薄明

W・B・イエイツ
井村君江訳

無限なものへの憧れ。ケルトの哀しみ。イエイツ自身が実際に見たり聞いたりした、妖しくも美しい話ばかり40篇。（訳し下ろし）

ケルトの神話

井村君江

古代ヨーロッパの先住民族ケルト人が伝え残した幻想的な神話の数々。目に見えない世界を信じ、妖精たちと交流するふしぎな民族の源をたどる。

ムーミン・コミックス　セレクション1
ムーミン谷へようこそ

トーベ・ヤンソン＋ラルス・ヤンソン
冨原眞弓編訳

ムーミン・コミックスのベストセレクション。1巻はムーミン谷で暮らす仲間たちの愉快なエピソードを4話収録。オリジナルムーミンの魅力が存分に。

ムーミン・コミックス　セレクション2
ムーミン一家のふしぎな旅

トーベ・ヤンソン＋ラルス・ヤンソン
冨原眞弓編訳

ムーミン・コミックスのベストセレクション。2巻は日常を離れ冒険に出たムーミンたちのエピソードを4話収録。コミックスにしかいないキャラも。

シェイクスピア全集（全33巻）　シェイクスピア　松岡和子訳

シェイクスピア劇、個人全訳の偉業！　第75回毎日出版文化賞（企画部門）、第69回菊池寛賞、第58回日本翻訳文化賞、２０２１年度朝日賞受賞。

すべての季節のシェイクスピア　松岡和子

シェイクスピア全作品翻訳のためのレッスン。28年にわたる翻訳の前に年間100本以上観てきたシェイクスピア劇と主要作品について綴ったエッセイ。

「もの」で読む入門シェイクスピア　松岡和子

シェイクスピア劇に登場する「もの」から、全37作品の意図が克明に見えてくる。「世界で最も親しまれている古典」のやさしい楽しみ方。（安野光雅）

ギリシア悲劇（全４巻）

荒々しい神の正義、神意と人間性の調和、人間の激情と心理。三大悲劇詩人（アイスキュロス、ソポクレス、エウリピデス）の全作品を収録する。

バートン版 千夜一夜物語（全11巻）　大場正史訳　古沢岩美・絵

めくるめく愛と官能に彩られたアラビアの華麗な物語――奇想天外の面白さ、世界最大の奇書の名訳による決定版。鬼才・古沢岩美の甘美な挿絵付。

高慢と偏見（上・下）　ジェイン・オースティン　中野康司訳

互いの高慢さから偏見を抱いて反発しあう知的な二人がやがて真実の愛にめざめてゆく……絶妙な展開で深い感動をよぶ英国恋愛小説の名作の新訳。

エマ（上・下）　ジェイン・オースティン　中野康司訳

美人で陽気な良家の子女エマは縁結びに乗り出すが、見当違いから十七歳のハリエットの恋を引き裂くことに……。オースティンの傑作を新訳で。

分別と多感　ジェイン・オースティン　中野康司訳

冷静な姉エリナーと、情熱的な妹マリアン。好対照をなす姉妹の結婚への道を描くオースティンの永遠の傑作。読みやすくなった新訳で初の文庫化。

説得　ジェイン・オースティン　中野康司訳

まわりの反対で婚約者と別れたアン。しかし八年後思いがけない再会が。繊細な恋心をしみじみと描くオースティン最晩年の傑作。読みやすい新訳。

ノーサンガー・アビー　ジェイン・オースティン　中野康司訳

17歳の少女キャサリンは、ノーサンガー・アビーに招待されて有頂天。でも勘違いからハプニングが……。オースティンの初期作品、新訳&初の文庫化！

文化防衛論　三島由紀夫

「最後に護るべき日本」とは何か。戦後文化が爛熟した一九六九年に刊行され、各界の論議を呼んだ三島由紀夫の論理と行動の書。（福田和也）

三島由紀夫と楯の会事件　保阪正康

社会に衝撃を与えた1970年の三島由紀夫割腹事件はなぜ起きたのか？　憲法、天皇、自衛隊を論じたあの時代と楯の会の軌跡を追う。（鈴木邦男）

ロシア文学の食卓　沼野恭子

前菜、スープ、メイン料理からデザートや飲み物まで。「食」という観点からロシア文学の魅力に迫る読書案内。カラー料理写真満載。（平松洋子）

どうにもとまらない歌謡曲　舌津智之

大衆の価値観が激動した1970年代。誰もが歌えた「あの曲」が描く「女」と「男」の世界の揺らぎ――衝撃の名著、待望の文庫化！（斎藤美奈子）

中華料理の文化史　張競

フカヒレ、北京ダック等の歴史は意外に浅い。ではそれ以前の中華料理とは？　孔子の食卓から現代まで、風土、異文化交流から描きだす。（佐々木幹郎）

期待と回想　鶴見俊輔

「わたしは不良少年だった」15歳で渡米、戦時下の帰国、戦後50年に及ぶ『思想の科学』の編集……自らの人生と思想を語りつくす。（黒川創）

圏外編集者　都築響一

既存の仕組みにとらわれることなく面白いものを追い求め、数多の名著を生み出す著者による半生とともに「編集」の本質を語る一冊が待望の文庫化。

春画のからくり　田中優子

春画では、女性の裸だけが描かれることはなく、男女の絡みが描かれる。男女が共に楽しんだであろう性表現に凝らされた趣向とは。図版多数。

増補　エロマンガ・スタディーズ　永山薫

制御不能の創造力と欲望で数多の名作・怪作を生んできた日本エロマンガ。多様化の歴史と主要ジャンルを網羅した唯一無二の漫画入門。（東浩紀）

官能小説用語表現辞典　永田守弘編

官能小説の魅力は豊かな表現力にある。本書は創意工夫の限りを尽したその表現をピックアップした、日本初かつ唯一の辞典である。（重松清）

戦闘美少女の精神分析　斎藤環

ナウシカ、セーラームーン、綾波レイ……「戦う美少女」たちは、日本文化の何を象徴するのか。「おたく」「萌え」の心理的特性に迫る。（東浩紀）

紅一点論　斎藤美奈子

「男の中に女が一人」は、テレビやアニメで非常に見慣れた光景である。その「紅一点」の座を射止めたヒロイン像とは⁉（姫野カオルコ）

男流文学論　上野千鶴子／小倉千加子／富岡多恵子

「痛快！　よくぞやってくれた」「こんなもの文学批評じゃない！」　吉行・三島など〝男流〟作家を一刀両断にして話題沸騰の書。（斎藤美奈子）

東大で上野千鶴子にケンカを学ぶ　遙洋子

そのケンカ道の見事さに目を見張り「私も学問がしたい！」という熱い思いを読者に湧き上がらせた、涙と笑いのベストセラー。（斎藤美奈子）

夏目漱石を読む　吉本隆明

主題を追求する「暗い」漱石と愛される「国民作家」をつなぐ資質の問題とは？　平明で卓抜な漱石講義十二講。第2回小林秀雄賞受賞。（関川夏央）

増補　サブカルチャー神話解体　宮台真司／石原英樹／大塚明子

少女カルチャーや音楽、マンガ、AVなど各種メディアの歴史を辿り、若者の変化を浮き彫りにした前人未到のサブカル分析。（上野千鶴子）

これで古典がよくわかる　橋本治

古典文学に親しめず、興味を持てない人たちは少なくない。どうすれば古典が「わかる」ようになるかを具体例を挙げ、教授する最良の入門書。

日本語で読むということ　水村美苗

なぜ『日本語が亡びるとき』は書かれることになったのか？　そんな関心と興味にもおのずから応える、折にふれて書き綴られたエッセイ&批評文集。

日本語で書くということ　水村美苗

一九八〇年代から二〇〇〇年代に書かれた漱石や谷崎に関する文学評論、インドや韓国への旅行記など、〈書く〉という視点でまとめた評論&エッセイ集。

思索紀行（上・下）　立花隆

本ではない。まず旅だ！　ジャーナリストならではの鋭敏な感覚で、世界の姿を読者にはっきりとさしだした思想旅行記の名著。

青ひげの卵　マーガレット・アトウッド　小川芳範訳

平穏で平凡で平坦な日常生活。その下で静かに息づき、崩れる〝何か〟――『侍女の物語』『誓願』を放った世界的作家が描く6つの短編。（大串尚代）

ブラウン神父の無心　G・K・チェスタトン　南條竹則／坂本あおい訳

ホームズと並び称される名探偵「ブラウン神父」シリーズを鮮烈な新訳で。「木の葉を隠すなら森のなか」などの警句と逆説に満ちた探偵譚。（高沢治）

ブラウン神父の知恵　G・K・チェスタトン　南條竹則／坂本あおい訳

独特の人間洞察力と鋭い閃きでブラウン神父が逆説に満ちたこの世界の在り方を解き明かす。全12篇を収録。新訳シリーズ第二弾。（甕由己夫）

グリム童話（上）　池内紀訳

「狼と七ひきの子やぎ」「ヘンゼルとグレーテル」「灰かぶり姫」「赤ずきん」「ブレーメンの音楽隊」、新訳「コルベス氏」等32篇。新鮮な名訳が魅力だ。

グリム童話（下）　池内紀訳

「いばら姫」「白雪姫」「水のみ百姓」「きつねと猫」などに「すすまみれ悪魔の弟」など新訳6篇を加え34篇を歯切れのよい名訳で贈る。

アーサー王ロマンス　井村君江

アーサー王と円卓の騎士たちの謎に満ちた物語。戦いと愛と聖なるものを主題にくり広げられる一大英雄ロマンスの、エッセンスを集めた一冊。

アーサー王の死　中世文学集I　T・マロリー　厨川（くりやがわ）文夫／圭子編訳

イギリスの伝説の英雄・アーサー王とその円卓の騎士団の活躍ものがたり。厖大な原典を最もうまく編集したキャクストン版で贈る。（厨川文夫）

荒涼館（全4巻）　C・ディケンズ　青木雄造他訳

上流社会、政界、官界から底辺の貧民、浮浪者まで巻き込んだ因縁の訴訟事件。小説の面白さをすべて盛り込み壮大なスケールで描いた代表作。（青木雄造）

82年生まれ、キム・ジヨン　チョ・ナムジュ　斎藤真理子訳

キム・ジヨンの半生を振り返り、女性差別を描き絶大な共感を得たベストセラー、ついに文庫化！累計29万部。（伊東順子／ウンユ）

彼女の名前は　チョ・ナムジュ　小山内園子／すんみ訳

理不尽なことに勇敢に立ち上がる女性たち28の物語。『82年生まれ、キム・ジヨン』著者短編集。12頁分増補。（成川彩　文庫解説＝桜庭一樹）

本書は、二〇一九年に書肆侃侃房より刊行された同名作品を、増補・改訂したものです。

増補した作品の初出は、「初出一覧」に記載しています。

参考文献

★まえがき

ノエル・キャロル『批評について——芸術批評の哲学』森功次訳、勁草書房、2017。

Noël Carroll, On Criticism. Routledge, 2008.

Chapter 1

★さよなら、マギー——内なるマーガレット・サッチャーと戦うために

ヴァージニア・ウルフ『女性にとっての職業』出淵敬子、川本静子訳、みすず書房、1994。

ヴァージニア・ウルフ『自分ひとりの部屋』片山亜紀訳、平凡社、2015。

David Cannadine, 'Thatcher, Margaret Hilda, Baroness Thatcher (1925–2013)', Oxford Dictionary of National Biography, Oxford University Press, Jan 2017, doi:10.1093/ref:odnb/106415, accessed 30 May 2017.

Paul Philip Flynn, 'Margaret Thatcher: Gay Icon', *The Guardian*, 16 May 2006, https://www.theguardian.com/commentisfree/2006/may/16/bypaulflynn, accessed 24 September 2018.

Dominic Janes, '"One of Us": The Queer Afterlife of Margaret Thatcher as a Gay Icon', *International Journal of Media and Cultural Politics* 8. 2–3 (2012): 211–228, rpt. Tim Bale, ed., *Margaret Thatcher*, 4 vols, Routledge, 2014.

Samuel Johnson, *The Letters of Samuel Johnson*, Volume IV: 1782–1784, Bruce Redford, ed., Princeton University Press, 2017.

John Preston, 'Gilbert and George: "Everyone Said We Wouldn't Last"', *The Telegraph*, 7 July 2014, https://www.telegraph.co.uk/culture/art/10943336/Gilbert-and-George-Everyone-said-we-wouldnt-last.html, accessed 24 September 2018.

Anna van Praagh, 'Gilbert and George: "Margaret Thatcher Did a Lot for Art"', *The Telegraph*, 5 July 2009, https://www.telegraph.co.uk/culture/art/art-news/5743120/Gilbert-and-George-Margaret-

Thatcher-did-a-lot-for-art.html, accessed 24 September 2018.
Jeanette Winterson, 'Blair', 10 November 2004, http://www.jeanettewinterson.com/journalism/blair/, accessed 24 September 2018.
Virginia Woolf, *Selected Essays*, ed. David Bradshaw, Oxford University Press, 2009.

★バーレスクってなんだろう？
※このエッセイの一部は、北村紗衣「ニュー・バーレスク研究入門」『シアターアーツ』49 (2011): 105-115を一般向けに書き直した部分を含みます。

Rachel Shteir, *Striptease: The Untold History of the Girlie Show*, Oxford University Press, 2005.
Jacki Wilson, *The Happy Stripper: Pleasures and Politics of the New Burlesque*, I. B. Tauris, 2007.

★腐女子が読む『嵐が丘』――関係性のセクシーさを求めて

大橋洋一監訳『ゲイ短編小説集』平凡社、1999。

北村紗衣『お嬢さんと嘘と男たちのデス・ロード――ジェンダー・フェミニズム批評入門』文藝春秋、2022。

サンドラ・ギルバート、スーザン・グーバー『屋根裏の狂女――ブロンテと共に』山田晴子、薗田美和子訳、朝日出版社、1992。

白井義昭『読んで愉しむイギリス文学史入門』春風社、2013。

エミリー・ブロンテ『嵐が丘』田中西二郎訳、新潮文庫、1989。

Emily Brontë, *Wuthering Heights*, Oxford University Press, 2009.

★檻に入っているのは、犬じゃなくて私――ヴァージニア・ウルフ『フラッシュ』
※基本的に日本語の引用についてはヴァージニア・ウルフ『フラッシュ――或る伝記』出淵敬子訳、白水Uブックス、2020に拠り、原文については Virginia Woolf, *Flush*, ed. Kate Flint, Oxford University Press, 2009を参照しています。

Virginia Woolf, *The Essays of Virginia Woolf*, 6 vols, ed. Andrew

McNeillie, Hogarth Press, 1986-2011.
Layla Colon Vale, 'Virginia Woolf's Feminist Flush', *Atenea* 34.1-2 (2014): 89-106.

★女はなぜ悪い男にばかり引っかかるのか？　──『西の国のプレイボーイ』に見る良い男、悪い男

※戯曲の引用はJohn Millington Synge, *The Playboy of the Western World and Other Plays*, Oxford University Press, 1998を用い、自分で訳しました。日本語訳にあたってはジョン・ミリントン・シング『シング選集戯曲編──海に騎りゆく者たちほか』恒文社、2002収録、大場建治訳『西の国の伊達男』も参考にしています。

木村正俊編『文学都市ダブリン──ゆかりの文学者たち』春風社、2017。

シング『西国の伊達男』山本修二訳、岩波文庫、1939。

ジョン・ミリントン・シング『The Playboy of the Western World』山本修二編、英宝社、1961。

カレン・ジョイ・ファウラー『ジェイン・オースティンの読書会』中野康司訳、ちくま文庫、2013。

Chapter 2

★キモくて金のないおっさんの文学論──『二十日鼠と人間』と『ワーニャ伯父さん』

※『二十日鼠と人間』の引用については、基本的に原書はJohn Steinbeck, *Of Mice and Men*, Penguin Books, 2002を使い、日本語の引用は拙訳ですが、大門一男訳、新潮文庫、1993も参照しました。『ワーニャ伯父さん』についてはアントン・チェーホフ『ワーニャ伯父さん／三人姉妹』浦雅春訳（光文社古典新訳文庫、2009）に拠ります。

Leighton Meester, 'I'm Not a Tart: The Feminist Subtext of Steinbeck's Of Mice and Men', *The HuffPost*, 15 July 2014, https://www.huffingtonpost.com/leighton-meester/im-not-a-tart-the-feminis_b_5587422.html, accessed 29 September 2018.
John Steinbeck, *Steinbeck: A Life in Letters*, ed. Elaine Steinbeck and Robert Wallsten, The Viking Press, 1975.
青柳美帆子「Togetter大注目の地獄「キモくて金のないおっさん」は

どのようにつらいのか」exciteニュース、2015年5月26日、https://www.excite.co.jp/News/reviewmov/20150526/E1432585485893.html、アクセス日：2018年9月29日。

★アメ車、男たちの絆、この惑星最後の美しき自由な魂――『バニシング・ポイント』

イヴ・K・セジウィック『男同士の絆――イギリス文学とホモソーシャルな欲望』上原早苗、亀澤美由紀訳、名古屋大学出版会、2001。

★対等な女を怖がる男たち――男の幻想に逆襲する喜劇『負けるが勝ち』

※引用については Oliver Goldsmith, *She Stoops to Conquer and Other Comedies*, ed. Nigel Wood, Oxford University Press, 2008に収録された原典テクストを参照しています。日本語訳にあたってはオリヴァー・ゴールドスミス『負けるが勝ち』竹之内明子訳、日本教育研究センター、1992を参考に自分で訳しました。

Charles Spencer, 'She Stoops to Conquer, National Theatre, Review', *The Telegraph*, 1 February 2012, http://www.telegraph.co.uk/culture/theatre/theatre-reviews/9053705/She-Stoops-to-Conquer-National-Theatre-review.html, accessed 29 September 2018.

★プリンセスは男のロマン！　――映画に出てくるお姫様と男たち

ペギー・オレンスタイン『プリンセス願望には危険がいっぱい』日向やよい訳、東洋経済新報社、2012。

文藝春秋編『洋画ベスト150』文春文庫、1988。

Jo Eldridge Carney, *Fairy Tale Queens: Representations of Early Modern Queenship*, Palgrave Macmillan, 2012,

★ロマンティックな映画としての『ファイト・クラブ』

チャック・パラニューク『ファイト・クラブ』池田真紀子訳、ハヤカワ文庫、2015。

ジェシカ・ベネット『フェミニスト・ファイト・クラブ――「職場の女性差別」サバイバルマニュアル』岩田佳代子訳、海と月社、2018。

Jessica Bennet, *Feminist Fight Club: A Survival Manual For a Sexist Workplace*, Portfolio Penguin, 2016.

Tom Chivers, 'Jane Austen's Fight Club is Viral Web Video Hit', *The Telegraph*, 26 July 2010, https://www.telegraph.co.uk/technology/7910395/Jane-Austens-Fight-Club-is-viral-web-video-hit.html, accessed 30 September 2018.

Roger Ebert, 'Fight Club', 15 October 1999, https://www.rogerebert.com/reviews/fight-club-1999, accessed 30 September 2018.

Sam Jordison, 'Fight Club's Dark Fantasies Have Become an Even Darker Reality', *The Guardian*, 13 December 2016, https://www.theguardian.com/books/booksblog/2016/dec/13/fight-clubs-dark fantasies-reality-chuck-palahniuk , accessed 30 September 2018.

Benjamin Wallace-Wells, 'Is the Alt-Right for Real?', *The New Yorker*, 5 May 2016, https://www.newyorker.com/news/benjamin-wallace-wells/is-the-alt-right-for-real , accessed 30 September 2018.

Chapter 3

★シェイクスピア劇の魅惑のヒロイン、無限に変化する女王クレオパトラ

※このエッセイは既刊の学術論文である「イギリス・ルネサンスにおける「クレオパトラ文学」――シェイクスピアのクレオパトラとその姉妹たち」『超域文化科学紀要』14 (2009):69-87、'A Kiss as an Erotic Gift from Cleopatra: Gift-Giving in Antony and Cleopatra'『武蔵大学人文学会雑誌』46 (2014): 358-427、'The Good, the Bad and the Beautiful: Women Writers' Difficult Relationships with the 'Bad Woman' Character in Antony and Cleopatra', Cathleen Allyn Conway, ed., *Lilith Rising: Perspectives on Evil and the Feminine*, Inter-Disciplinary Press, 2016, 29-42を一部もとにしています。

『アントニーとクレオパトラ』の日本語訳はすべてウィリアム・シェイクスピア『アントニーとクレオパトラ』小田島雄志訳、白水社、2001からの引用であり、原典テクストは William Shakespeare, *Antony and Cleopatra*, The Arden Shakespeare 3rd Series, ed. John Wilders, Routledge, 1995を参照しています。

メアリー・ヘイマー『クレオパトラという記号――歴史、ポリティクス、表象』正岡和恵、橋本恵訳、ありな書房、2003。

Appian of Alexandria, *An Auncient Historie and Exquisite Chronicles of the Romanes Warres, Both Ciuile and Foren*, trans. W. B., 1578.

Margaret Cavendish, *Sociable Letters*, ed. James Fitzmaurice, Broadview Press, 2004.

Geoffrey Chaucer, *Riverside Chaucer*, 3rd ed., ed. L. D. Benson, Houghton Mifflin, 1987.

——, *Love Visions*, trans. B. Stone, Penguin, 1983.

Linda T. Fitz, 'Egyptian Queens and Male Reviewers: Sexist Attitudes in *Antony and Cleopatra* Criticism', *Shakespeare Quarterly* 28 (1977): 297-316.

Sarah Hatchuel, *Shakespeare and the Cleopatra / Caesar Intertext: Sequel, Conflation, Remake*, Fairleigh Dickinson University Press, 2011.

Horace, *Odes and Epodes*, ed. N. Rudd, Cambridge University Press, 2004.

Lucy Hughes-Hallett, *Cleopatra: Queen, Lover, Legend*, 2nd ed., Pimlico, 2006.

Pembroke, Mary Sidney Herbert, Countess of, *Selected Works of Mary Sidney Herbert, Countess of Pembroke*, ed. Margaret P. Hannay, Noel J. Kinnamon and Michael G. Brennan, Arizona Center for Medieval and Renaissance Studies, 2005.

Plutarch, *Plutarch's Lives*, vol.6. trans. Thomas North, Dent, 1898-99.

Algernon Charles Swinburne, *A Study of Shakespeare*, Chatto, 1895.

Marilyn L. Williamson, *Infinite Variety: Antony and Cleopatra in Renaissance Drama and Earlier Tradition*, L. Verry, 1974.

★世紀末の悪女？　自己実現のため戦うヒロイン？　ゲイのアイコン？
　　――オスカー・ワイルドの『サロメ』

※『サロメ』からの引用はすべてOscar Wilde, *The Importance of Being Earnest and Other Plays*, ed. Peter Raby, Oxford University Press, 1998に収録されている*Salome*の拙訳です。翻訳に際しては一部、

オスカー・ワイルド『サロメ・ウィンダミア卿夫人の扇』西村孝次訳、新潮文庫、1953を参考にしています。
エレイン・ショーウォーター『性のアナーキー――世紀末のジェンダーと文化』富山太佳夫他訳、みすず書房、2000。
ブラム・ダイクストラ『倒錯の偶像――世紀末幻想としての女性悪』富士川義之他訳、パピルス、1994。
ケイト・ミレット『性の政治学』藤枝澪子他訳、ドメス出版、1985。
オスカー・ワイルド『幸福な王子/柘榴の家』小尾芙佐訳、光文社古典新訳文庫、2017。
Toni Bentley, *Sisters of Salome*, University of Nebraska Press, 2005.
Jane Marcus, 'Salomé: The Jewish Princess Was a New Woman', *Bulletin of the New York Public Library*, 78 (1974): 95-113.
Royal Shakespeare Company, *Oscar Wilde: Salomé*, 2017.
Oscar Wilde, *De Profundis*, in *The Soul of Man, and Prison Writings*, ed. Isobel Murray, Oxford University Press, 1999, 38-158.
Oscar Wilde, *The Complete Short Stories*, ed. John Sloan, Oxford University Press, 2010.

★べ、別にあんたのためにツンデレを分析してるわけじゃないんだからね！ ――シェイクスピア『十二夜』を考える

※シェイクスピアの原文からの引用はすべてWilliam Shakespeare, *Twelfth Night*, Arden Shakspeare Third Series, ed. Keir Elam, Bloomsbury, 2015から、翻訳はウィリアム・シェイクスピア『新訳 十二夜』河合祥一郎訳、角川文庫、2011からの引用です。
堀あきこ『欲望のコード――マンガにみるセクシュアリティの男女差』臨川書店、2009。

依田直也他「女性ツンデレキャラクター創作支援のためのディジタルスクラップブックの開発」『映像情報メディア学会技術報告』39.14 (2015): 111-114。

★ディズニーに乗っ取られたシンデレラ――民話の変貌をたどる

北村紗衣「「シンデレラストーリー」としての『じゃじゃ馬ならし』――アメリカ映画『恋のからさわぎ』におけるシェイクスピアの読み

かえ」『New Perspective』45 (2015): 35–49。

北村紗衣『女の子が死にたくなる前に見ておくべきサバイバルのためのガールズ洋画100選』書肆侃侃房、2024。

グリム兄弟『完訳グリム童話集』全5巻、金田鬼一訳、岩波文庫、2009。

河野真太郎『戦う姫、働く少女』堀之内出版、2017。

河野一郎編訳『イギリス民話集』岩波文庫、1991。

段成式『酉陽雑俎』全5巻、今村与志雄訳注、平凡社、1980–1981。

アラン・ダンダス編『シンデレラ――9世紀の中国から現代のディズニーまで』池上嘉彦他訳、紀伊國屋書店、1991。

野口芳子「「シンデレラ」の固定観念を覆す――ジェンダー学的観点からのグリム童話解釈」『武庫川女子大学紀要人文・社会科学編』58 (2010): 1–11。

ジャンバティスタ・バジーレ『ペンタメローネ――五日物語』杉山洋子、三宅忠明訳、大修館書店、1995。

シャルル・ペロー『完訳ペロー童話集』新倉朗子訳、岩波文庫、1982。

浜本隆志『シンデレラの謎――なぜ時代を超えて世界中に拡がったのか』河出書房新社、2017。

若桑みどり『お姫様とジェンダー――アニメで学ぶ男と女のジェンダー学入門』ちくま新書、2003。

Nicholas Barber, 'Film Review: Cinderella is "Outmoded"', BBC, 13 March 2015, http://www.bbc.com/culture/story/20150313-is-cinderella-a-ball, accessed 26 December 2018.

Marian Roalfe Cox, *Cinderella: Three Hundred and Forty-five Variants of Cinderella, Catskin, and Cap o'Rushes, Abstracted and Tabulated, with a Discussion of Mediaeval Analogues, and Notes,* The Folk-lore Society , 1893.

Anna Birgitta Rooth, *The Cinderella Cycle,* Arno Press, 1980.

Erich Schwartzel, 'Beauty and the Backlash: Disney's Modern Princess Problem', *The Wall Street Journal,* 17 November 2018, https://www.wsj.com/articles/beauty-and-the-backlash-disneys-modern-princess-problem-1542430801, accessed 26 December 2018.

William Shakespeare, *King Lear,* Arden Shakespeare 3rd Series, ed. R. A. Foakes, Bloomsbury Arden, 1997.

★理想宮か、公共彫刻か？　――『アナと雪の女王』
岡谷公二『郵便配達夫シュヴァルの理想宮』作品社、1992。
Alfred Bruce Douglas, *"Two Loves" & Other Poems: A Selection,* Bennett & Kitchel, 1990.
Steve Schlackman, 'How Mickey Mouse Keeps Changing Copyright Law', *Art Law Journal,* 15 February 2014, https://alj.artrepreneur.com/mickey-mouse-keeps-changing-copyright-law/, accessed 26 December 2018.

Chapter 4

★女の子がムラムラしてはいけないの？　イギリス文学における女と性欲
※戯曲及び聖ヒエロニムスの引用はすべて文献リストにある英語版を自分で翻訳していますが、イアン・ワット『小説の勃興』は日本語訳を引用しています。
サラ・ウォーターズ『荊の城』全二巻、中村有希訳、東京創元社、2004。

ウィリアム・シェイクスピア『アントニーとクレオパトラ』小田島雄志訳、白水社、1983。

ウィリアム・シェイクスピア『新訳ハムレット』河合祥一郎訳、角川文庫、2003。

ウィリアム・シェイクスピア『新訳ロミオとジュリエット』河合祥一郎訳、角川文庫、2005。

ウィリアム・シェイクスピア『お気に召すまま』小田島雄志訳、白水社、2008。

ダニエル・デフォー『モル・フランダーズ』全二巻、伊澤龍雄訳、岩波文庫、1968年。

ダニエル・デフォー『ロクサーナ』宮崎孝一訳、槐書房、1980年。

中崎亜衣「ジャンプのお色気、少コミのエッチ。裸かどうかではなく、女性キャラの反応に共通する記号」wezzy, 2017年7月7日、https://wezz-y.com/archives/49200、アクセス日：2017年9月16日。

リン・ハント編著『ポルノグラフィの発明――猥褻と近代の起源、一五〇〇年から一八〇〇年へ』正岡和恵他訳、ありな書房、2002。

スティーヴン・マーカス『もう一つのヴィクトリア時代――性と享楽の英国裏面史』金塚貞文訳、中央公論社、1990。

ミシェル・フーコー『性の歴史』全三巻、渡辺守章他訳、新潮社、1986。
サミュエル・リチャードソン『パミラ、あるいは淑徳の報い』原田範行訳、研究社、2011。
オスカー・ワイルド『サロメ・ウィンダミア卿夫人の扇』西村孝次訳、新潮文庫、1953。
イアン・ワット『小説の勃興』藤田永祐訳、南雲堂、1999。
Vern L. Bullough and James Brundage, ed., *Handbook of Medieval Sexuality*, Routledge, 2013.
Jerome, St., Against Jovinianus, *The Principal Works of St. Jerome by St. Jerome*, ed. Philip Schaff, trans. M. A. Freemantle, Christian Literature Publishing Co., 1892, 563 - 662.
William Shakespeare, *Antony and Cleopatra*, Arden Shakespeare Third Series, ed. John Wilders, Arden Shakespeare, 2006.
William Shakespeare, *Hamlet*, Arden Shakespeare Third Series, ed. Ann Thompson and Neil Tayler, Arden Shakespeare, 2006.
William Shakespeare, *Romeo and Juliet*, Arden Shakespeare Third Series, ed. René Weis, Arden Shakespeare, 2012.
William Shakespeare, *As You Like It*, Arden Shakespeare Third Series, ed. Juliet Dusinberre, Arden Shakespeare, 2006.
Robert Palfrey Utter and Gwendolyn Bridges Needham, *Pamela's Daughters*, The Macmillan Company, 1937.
Oscar Wilde, *The Importance of Being Earnest and Other Plays*, ed. Peter Raby, Oxford University Press, 2008.

★「# 女性映画が日本に来るとこうなる」の「女性映画」ってなに？
　――変わりゆく女たちの映画

安藤健二「スタジオジブリ元幹部の発言に「男女差別」と海外で批判　何を言ったのか？」『ハフポスト』、2016年6月9日、https://www.huffingtonpost.jp/2016/06/09/nishimura_n_10370758.html、アクセス日：2018年9月16日。

メアリ・アン・ドーン『欲望への欲望――1940年代の女性映画』松田英男監訳、勁草書房、1994。※英語初版は1987年。

テレサ・ド・ローレティス「女性映画再考――美学とフェミニスト理

論」斉藤綾子訳、岩本憲児、武田潔、斉藤綾子編『「新」映画理論集成1　歴史／人種／ジェンダー』フィルムアート社、1998、142-175。※英語初版は1987年。

斉藤綾子「フェミニズム映画批評の変遷と実践」竹村和子、義江明子編『ジェンダー史叢書3思想と文化』明石書店、2010、251-274。

モリー・ハスケル『崇拝からレイプへ――映画の女性史』海野弘訳、平凡社、1992。※英語初版は1974年。

福田京一「メロドラマと女性映画の研究史素描（その1）」『SELL: Studies in English Linguistics & Literature』30 (2013): 159-196。

パトリシア・ホワイト、斉藤綾子「アートシネマとしての女性映画――トランスナショナル・フェミニズムとニッチ映画」笹川慶子訳『言語文化』23 (2006): 265-286。

ミツヨ・ワダ・マルシアーノ『ニッポン・モダン――日本映画1920・30年代』名古屋大学出版会、2009。

ローラ・マルヴィ「視覚的快楽と物語映画」斉藤綾子訳、岩本憲児、武田潔、斉藤綾子編『「新」映画理論集成1　歴史／人種／ジェンダー』フィルムアート社、1998、126-141。※英語初版は1975年。

Jonathan Hatfull, 'Lexi Alexander: "The Point Is the Principle of Equality"', SciFiNow, 14 August 2013, https://www.scifinow.co.uk/interviews/lexi-alexander-the-point-is-the-principle-of-equality/, accessed 16 September 2018.

Martha M. Lauzen, 'Boxed In 2017-18: Women On Screen and Behind the Scenes in Television', Center for the Study of Women in Television & Film, San Diego State University, September 2018, https://womenintvfilm.sdsu.edu/wp-content/uploads/2018/09/2017-18_Boxed_In_Report.pdf, accessed 16 September 2018.

Chris Michael, '"Women Are Realistic, Men Idealistic": Studio Ghibli on Why a Director's Gender Matters', *The Guardian*, 6 June 2016, https://www.theguardian.com/film/2016/jun/06/studio-ghibli-yonebayashi-interview-miyazaki, accessed 16 September 2018.

Neil Smith, 'Cinema "a Boys' Club" Says Film-maker Agnieszka Holland', BBC, 13 April 2016, https://www.bbc.com/news/entertainment-arts-36036230, accessed 16 September 2018.

Sue Thornham, ed., *Feminist Film Theory: A Reader*, Edinburgh University Press, 1999.

[[女性映画]]、日本語版ウィキペディア、https://ja.wikipedia.org/wiki/%E5%A5%B3%E6%80%A7%E6%98%A0%E7%94%BB、アクセス日：2018年9月16日。

「#女性映画が日本に来るとこうなる　画像まとめ」Togetter, 2016年9月14日、https://togetter.com/li/1024335、アクセス日：2018年9月16日。

'Pamela by Samuel Richardson', British Library, https://www.bl.uk/collection-items/pamela-by-samuel-richardson, accessed 16 September 2018.

★女性映画としてのトランスジェンダー女子映画——『タンジェリン』と『ナチュラルウーマン』

※このエッセイは、聖学院大学助教である畠山宗明さんと毎月開催している映画鑑賞研究会でのディスカッションに触発されたものです。

★読書会に理屈っぽい男は邪魔？　女性の連帯を強める読書会の歴史を探る

アン・ウォームズリー『プリズン・ブック・クラブ——コリンズ・ベイ刑務所読書会の一年』向井和美訳、紀伊國屋書店、2016。

尾崎俊介『ホールデンの肖像——ペーパーバックからみるアメリカの読書文化』新宿書房、2014。

北村紗衣「みんなのシェイクスピア、シェイクスピアのみんな——キャラクターとファンダムの歴史」、『ユリイカ』2015年4月臨時創刊号：pp. 175–182。

カレン・ジョイ・ファウラー『ジェイン・オースティンの読書会』中野康司訳、ちくま文庫、2013。

福島淳「エマ・ワトソンのフェミニスト・ブッククラブへようこそ！　広がりを見せるフェミニズムを語る熱い波」、wezzy、https://wezzy.com/archives/28268、閲覧日：2018年9月24日。

エリザベス・ロング『ブッククラブ——アメリカ女性と読書』田口瑛子訳、京都大学図書館情報学研究所、2006。

Samuel Taylor Coleridge, *Specimens of the Table Talk of the Late Samuel Taylor Coleridge*, 2 vols, John Murray, 1835.

Katherine West Scheil, *She Hath Been Reading: Women and Shakespeare Clubs in America*, Cornell University Press, 2012.

★ミス・マープルは何でも知っている——変わりゆくアガサ・クリスティの世界

キャスリーン・グレゴリー・クライン『女探偵大研究』青木由紀子訳、晶文社、1994。

アガサ・クリスティー『書斎の死体』高橋豊訳、早川書房、1992。

アガサ・クリスティー『バートラム・ホテルにて』乾信一訳、早川書房、1994。

アガサ・クリスティー『予告殺人』田村隆一訳、早川書房、1992。

アガサ・クリスティー『カリブ海の秘密』永井淳訳、早川書房、1993。

J. C. Bernthal, *Queering Agatha Christie: Revisiting the Golden Age of Detective Fiction*, Palgrave Macmillan, 2016.

Justin, Chang, "The Hateful Eight": How Agatha Christie Is It? (An Investigation)', *Variety*, 28 December 2015, https://variety.com/2015/film/columns/the-hateful-eight-agatha-christie-quentin-tarantino-1201667948/, accessed 29 December 2018.

Agatha Christie, *A Murder Is Announced*, HaperCollins, 2006.

Agatha Christie, *A Caribbean Mystery*, HaperCollins, 2006.

Agatha Christie, *At Bertram's Hotel*, HaperCollins, 2006.

Curtis Evans, ed., *Murder in the Closet: Essays on Queer Clues in Crime Fiction Before Stonewall*, McFarland, 2017.

Graham Kirby, 'How Queer Was Agatha Christie?', *Advocate*, 9 November 2017, https://www.advocate.com/arts-entertainment/2017/11/09/how-queer-was-agatha-christie, accessed 29 December 2018.

Ruth Margolis, 'Agatha Christie: Four Heroines That Make Her an Unlikely Feminist Icon', BBC America, 2017. http://www.bbcamerica.com/anglophenia/2015/09/agatha-christie-four-heroines-that-make-her-an-unlikely-feminist-icon, accessed 29 December 2018.

Chapter 5

★愛の理想世界における、ブス――夢見るためのバズ・ラーマン論
スーザン・ソンタグ『反解釈』高橋康也他訳、ちくま学芸文庫、1996年。
John Champagne, 'Dancing Queen? Feminist and Gay Male Spectatorship in Three Recent Films from Australia', *Film Criticism* 21.3 (1997): 66-88.
Pam Cook, *Baz Luhrmann*, Palgrave Macmillan, 2010.

★隠れたるレズビアンと生殖――『わたしを離さないで』
※基本的に引用については原書は Kazuo Ishiguro, *Never Let Me Go*, 2005, Faber and Faber, 2005、日本語訳についてはカズオ・イシグロ『わたしを離さないで』土屋正雄訳、早川書房、2006に拠っています。

★父の世界からの解放――「フェミニスト的ユートピア」を描いた『バベットの晩餐会』
イサク・ディーネセン『バベットの晩餐会』桝田啓介訳、ちくま文庫、1992。
Sarah Webster Goodwin, 'Knowing Better: Feminism and Utopian Discourse in Pride and Prejudice, Villette, and "Babette's Feast"', *Feminism, Utopia, and Narrative*, ed. Libby Falk Jones and Sarah Webster Goodwin, University of Tennessee Press, 1990, 1-20.

★「女だけの街」を考える
アリストパネス『ギリシア悲劇II――アリストパネス（下）』高津春繁編、ちくま文庫、1986。

ナオミ・オルダーマン『パワー』安原和見訳、河出書房新社、2018。

マーガレット・キャヴェンディッシュ『新世界誌光り輝く世界』川田潤訳、『ユートピア旅行記叢書2』、岩波書店、1998収録。

シャーロット・パーキンス・ギルマン『フェミニジア――女だけのユートピア』三輪妙子訳、現代書館、1984。

シェリ・S・テッパー『女の国の門』増田まもる訳、ハヤカワ文庫SF、1995。

ジョアナ・ラス『フィーメール・マン』友枝康子訳、サンリオSF文庫、

1981。
Margaret Cavendish, *The Convent of Pleasure and Other Plays*, ed. Anne Shaver, The John Hopkins University Press, 1999.
Margaret Cavendish, *The Description of a New World, Called the Blazing World*, ed. Sara H. Mendelson, Broadview Editions, 2016.
Charlotte Perkins Gilman, *Herland and Related Writings*, ed. Beth Sutton-Ramspeck, Broadview Editions, 2012.
Sarah Kershaw, 'My Sister's Keeper', *The New York Times*, 30 January 2009, https://www.nytimes.com/2009/02/01/fashion/01womyn.html, accessed 29 December 2018.
「『女性だけの街』の壁の外から」、Togetter、2018年1月29日、https://togetter.com/li/1194475、閲覧日：2018年12月29日。
「男子禁制の島で休暇を過ごす女たち「宿泊費用は1週間で40万円！」」クーリエ・ジャポン、2018年10月2日、https://courrier.jp/news/archives/133825/、閲覧日：2018年12月29日。

★女は自由な社会の邪魔者なの？　──ディストピアSFの性差別

※『すばらしい新世界』の日本語訳はオルダス・ハクスリー『すばらしい新世界』大森望訳、ハヤカワepi文庫、2017からの引用であり、原典はAldous Huxley, *Brave New World*, intro. Margaret Atwood and David Bradshaw, Vintage, 2004を参照しています。『1984年』の日本語訳はジョージ・オーウェル『1984年』新庄哲夫訳、ハヤカワ文庫、1972を使用し、原典はGeorge Orwell, *1984*, Signet Classics, 1977を参照しています。『華氏451度』の日本語訳はレイ・ブラッドベリ『華氏451度』宇野利泰訳、ハヤカワ文庫、1975を使用し、原典はRay Bradbury, *Fahrenheit 451*, 50th Anniversary ed., Harper Voyager, 2004を参照しています。

マーガレット・アトウッド『侍女の物語』斎藤英治訳、新潮社、1990。

エヴゲーニイ・イワーノヴィチ・ザミャーチン『われら』川端香男里訳、岩波文庫、1992。

ローズ・マコーリー『その他もろもろ── ある予言譚』赤尾秀子訳、北村紗衣解説、作品社、2020。

トマス・モア『ユートピア』平井正穂訳、岩波文庫、2005。

Margaret Atwood, *The Handmaid's Tale*, Vintage, 2016.
Susan Bruce, ed., *Three Early Modern Utopias: Utopia, New Atlantis and The Isle of Pines*, Oxford University Press, 2008.
Alison Flood, 'What Not: Lost Feminist Novel That Anticipated Brave New World Finally Finds Its Time', *The Guardian*, 10 December 2018, https://www.theguardian.com/books/2018/dec/10/what-not-lost-feminist-novel-that-anticipated-brave-new-world-finally-finds-its-time, accessed 27 December 2018.
Rose Macaulay, *What Not: A Prophetic Comedy*, Handheld Press, 2019.
George Orwell, Robert Icke, Duncan MacMillan, *1984*, Oberon Books, 2014.

Chapter 6

★『人魚姫』は何の話なのか？——『リトル・マーメイド』の原作に戻る

ハンス・クリスチャン・アンデルセン『完訳アンデルセン童話集１』大畑末吉訳、岩波書店、1981。

北村紗衣『お砂糖とスパイスと爆発的な何か——不真面目な批評家によるフェミニスト批評入門』書肆侃侃房、2019。

——『批評の教室——チョウのように読み、ハチのように書く』ちくま新書、2021。

——「魔女と幻想——『奥さまは魔女』と『ワンダヴィジョン』」『文藝』2022年冬号。

ジャッキー・ヴォルシュレガー『アンデルセン——ある語り手の生涯』安達まみ訳、岩波書店、2005。

スーザン・W・ハル『女は男に従うもの？——近世イギリス女性の日常生活』佐藤清隆他訳、刀水書房、2003。

トニ・モリスン『青い眼がほしい』大社淑子訳、早川書房、1994。

ネラ・ラーセン『パッシング／流砂にのまれて』鵜殿えりか訳、みすず書房、2022。

'DeSantis Sends Migrants to Martha's Vineyard & "Little Mermaid" Spurs Racist Rants', *The Daily Show*, 16 September 2022, https://www.youtube.com/watch?v = wh0Bzul5vEc, accessed 20 November 2024.

Miyuki Jokiranta, 'The Odyssey of Hans Jonathan, A Slave Who Became the First Black Settler in Iceland', ABC, 26 June 2019, https://www.abc.net.au/news/2019-06-27/first-black-settler-in-iceland-hans-jonathan-slave-saga/11228536, accessed 20 November 2024.

Martin McDonagh, *A Very Very Very Dark Matter*, Faber & Faber, 2018.

Toni Morrison, *The Bluest Eye*, First Plume Printing, 1994.

Rictor Norton, *My Dear Boy: Gay Love Letters through the Centuries*, Leyland Publications, 1998.

Laura Sells, '"Where Do the Mermaids Stand?": Voice and Body in The LittleMermaid', Elizabeth Bell, Lynda Haas, and Laura Sells, ed., *From Mouse to Mermaid: The Politics of Film, Gender, and Culture*, Indiana University Press, Bloomington, 1995, 175–192.

Martin Selsoe Sorensen, 'Iceland's 1st Black Citizen? An Ex-Slave and War Hero Denmark Now Disregards', *The New York Times*, 14 April 2018, https://www.nytimes.com/2018/04/14/world/europe/denmark-iceland-slavery-hans-jonathan.html, accessed 20 November 2024.

Leland G. Spencer, 'Performing Transgender Identity in The Little Mermaid: From Andersen to Disney', *Communication Studies*, 65.1 (2013), 112–127.

Roberta Trites, 'Disney's Sub/Version of "The Little Mermaid"', *Journal of Popular Television and Film*, 18.4 (1991), 145–152.

★ビートルズが歌う「ボーイズ」はなぜ面白いか——歌手のジェンダーと歌詞のジェンダーステレオタイプ

Mark Binelli, 'Sir Paul Rides Again', *Rolling Stone*, 20 October 2005, https://www.rollingstone.com/music/music-features/sir-paul-rides-again-42488/, accessed 20 November 2024.

James E. Perone, *Listen to Pop! Exploring a Musical Genre*, Greenwood, 2018.

Shana Goldin-Perschbacher, '"Not With You But of You": "Unbearable

Intimacy" and Jeff Buckley's Transgendered Vocality', in *Oh Boy!: Masculinities and Popular Music*, ed., Freya Jarman-Ivens, Routledge, 2013, 213 – 234.

★ハリー・ポッターとイギリス文学における同性愛——『ハリー・ポッターと死の秘宝』精読

大橋洋一監訳『ゲイ短編小説集』平凡社、1999。

北村紗衣「革命的ドジっ子の物語におけるセクシュアリティとトランクの認識論～『ファンタスティック・ビーストと魔法使いの旅』（ネタバレあり）」、Commentarius Saevus, 2016/12/20, https://saebou.hatenablog.com/entry/20161220/p1, accessed 20 November 2024.

イヴ・コゾフスキー・セジウィック『クローゼットの認識論—セクシュアリティの20世紀』外岡尚美訳、青土社、1999。

J・K・ローリング『ハリー・ポッターと死の秘宝』上下巻、松岡佑子訳、静山社、2008。

'J. K. Rowling at Carnegie Hall Reveals Dumbledore is Gay; Neville Marries Hannah Abbott, and Much More', The Leaky Cauldron, 20 October 2007, https://www.the-leaky-cauldron.org/2007/10/20/j-k-rowling-at-carnegie-hall-reveals-dumbledore-is-gay-neville-marries-hannah-abbott-and-scores-more/, accessed 20 November 2024.

J. K. Rowling, *Harry Potter and the Deathly Hallows*, Bloomsbury, 2007.

Michelle Smith, 'The 'Death' of J. K. Rowling: Why It Doesn't Matter What She Has to Say about Harry Potter', *The Conversation*, 22 December 2014, https://theconversation.com/the-death-of-j-k-rowling-why-it-doesnt-matter-what-she-has-to-say-about-harry-potter-35762.

'The Life and Lies of Albus Dumbledore', *The East Tennessean*, 22 October 2007, archive: https://web.archive.org/web/20100130035205/http:/media.www.easttennessean.com/media/storage/paper203/news/2007/10/22/Viewpoint/the-Life.And.Lies.Of.Albus.Dumbledore-3047947.shtml, accessed 20 November 2024.

★レズビアン死亡症候群、サイコレズビアン――ステレオタイプなマイノリティ描写はなぜ問題？

北村紗衣「何度フラれても、ちゃんと自分で立ってる～『ロケットマン』（ネタバレあり）」、Commentarius Saevus, 2019/9/13, https://saebou.hatenablog.com/entry/2019/09/13/225920, accessed 20 November 2024.

'Bury Your Gays', TV Tropes, https://tvtropes.org/pmwiki/pmwiki.php/Main/BuryYourGays, accessed 20 November 2024.

April Ferricks, 'Dead Lesbian Syndrome: How Tragic Tropes Continue to Misrepresent Queer Women', The Medium, 11 May 2016, https://medium.com/@aferricks/dead-lesbian-syndrome-how-tragic-tropes-continue-to-misrepresent-queer-women-9f0a1ead9b2c, accessed 20 November 2024.

Caroline Framke, Javier Zarracina and Sarah Frostenson, 'All the TV Character Deaths of 2015–'16, in One Chart, *Vox*, 1 June 2016, https://www.vox.com/a/tv-deaths-lgbt-diversity, accessed 20 November 2024.

Tracy E. Gilchrist and Daniel Reynolds, '17 LGBTQ Tropes Hollywood Needs to Retire', *The Advocate*, 29 August 2017, https://www.advocate.com/arts-entertainment/2017/8/29/17-lgbt-tropes-hollywood-needs-retire#rebelltitem3, accessed 20 November 2024.

GLAAD, 'Where We Are On TV Report 2015 – 2016', GLAAD, 2016, https://glaad.org/whereweareontv15, accessed 20 November 2024.

'In 2018, Lesbian and Bisexual TV Characters Did Even Better', Autosraddle. 9 Junuary 2019, https://www.autostraddle.com/in-2018-tv-got-even-better-for-lesbian-and-bisexual-characters-444171/, accessed 20 November 2024.

Benjamin Lee, 'LGBT Cinema Still Needs More Happy Endings', *The Guardian*, 31 October 2018, https://www.theguardian.com/film/commentisfree/2018/oct/31/lgbt-cinema-still-needs-more-happy-endings, accessed 20 November 2024.

'Psycho Lesbian', TV Tropes, https://tvtropes.org/pmwiki/pmwiki.

php/Main/PsychoLesbian, accessed 20 November 2024.

★発達障害と診断された私――ASDとADHDだとわかるまでに出会った本や映画について

北村紗衣編『共感覚から見えるもの――アートと科学を彩る五感の世界』勉誠出版、2016。

サラ・ヘンドリックス『自閉スペクトラム症の女の子が出会う世界――幼児期から老年期まで』堀越英美訳、河出書房新社、2021。

Hugh Armitage, 'Fantastic Beasts: The Crimes of Grindelwald's Eddie Redmayne Thinks Newt Scamander is on the Autism Spectrum', *Digital Spy*, 15 November 2018, https://www.digitalspy.com/movies/a870584/fantastic-beasts-newt-scamander-autism-eddie-redmayne-crimes-of-grindelwald/, accessed 20 November 2024.

'50 Seconds Of Newt Scamander's Autism | Autism Awareness 2019', Lyndon Coleman, YouTube, 2 April 2019, https://www.youtube.com/watch?v=s216n5ln2Z0, accessed 20 November 2024.

@oMikeSantanna, Tweet, 8 June, 2022, https://x.com/oMikeSantanna/status/1534493805780652032.

★どうもありがとう、パメラ・アンダーソン

北村紗衣「人間らしい尊厳の回復～『パメラ・アンダーソン、ラブ・ストーリー』」、Commentarius Saevus, 2023/2/19, https://saebou.hatenablog.com/entry/2023/02/19/213724, accessed 20 November 2024.

日本語版ウィキペディア、https://ja.wikipedia.org/w/index.php?title=%E5%88%A9%E7%94%A8%E8%80%85%E2%80%90%E4%BC%9A%E8%A9%B1%3AShohei_KIMURA&diff=101976826&oldid=101961164。

★あとがき

G.K. Chesterton, *The Annotated Innocence of Father Brown*, intr. Martin Gardner, Oxford University Press, 1988.

初出一覧　※すべて加筆・修正あり

まえがき

単行本書き下ろし、ただし一部「英文学のフェミニスト批評って、何をやってるの？　～『シェイクスピア劇を楽しんだ女性たち』刊行に寄せて」wezzy, 2018.06.10、https://wezz-y.com/archives/55517及び「愛の理想世界における、ブス～夢見るためのバズ・ラーマン論」wezzy、2016.02.10、https://wezz-y.com/archives/26785の内容を組み込み。

Chapter 1

・「さよなら、マギー～「内なる抑圧」の誘惑には、名前を付けて抵抗しよう」wezzy、2017.06.10、https://wezz-y.com/archives/47829

・「バーレスクってなんだろう？」観客発信メディアWL、2015.09.19、http://theatrum-wl.tumblr.com/post/129414568041/エッセーバーレスクってなんだろう

・「腐女子が読む『嵐が丘』～関係性のセクシーさを求めて」wezzy、2015.11.10、https://wezz-y.com/archives/23911

・「檻に入っているのは、犬じゃなくて私～ヴァージニア・ウルフ『フラッシュ』」（単行本書き下ろし）

・「女はなぜ悪い男にばかり引っかかるのか？　～『西の国のプレイボーイ』に見る良い男、悪い男」wezzy、2017.05.10、https://wezz-y.com/archives/46075

Chapter 2

・「キモくて金のないおっさんの文学論～『二十日鼠と人間』と『ワーニャ伯父さん』」wezzy、2017.11.10、https://wezz-y.com/archives/50640

・「アメ車、男たちの絆、この惑星最後の美しき自由な魂～『バニシング・ポイント』」wezzy、2017.03.10、https://wezz-y.com/archives/50640

・「対等な女を怖がる男たち～男の幻想に逆襲する喜劇『負けるが勝ち』」wezzy、2017.07.11、https://wezz-y.com/archives/49246

・「プリンセスは男のロマン！　～映画に出てくるお姫様と男たち」、「男性はお姫様がお好き？　～映画に見る男性のプリンセス願望」wezzy、2016.09.10、https://wezz-y.com/archives/35131の改題・加筆
・「ロマンティックな映画としての『ファイト・クラブ』」(単行本書き下ろし)

Chapter 3
・「シェイクスピア劇の魅惑のヒロイン、無限に変化する女王クレオパトラ」wezzy、2016.12.10、https://wezz-y.com/archives/38704
・「世紀末の悪女？　自己実現のため戦うヒロイン？　ゲイのアイコン？　～オスカー・ワイルドの『サロメ』」wezzy、2017.10.10、https://wezz-y.com/archives/50361
・「べ、別にあんたのためにツンデレを分析してるわけじゃないんだからね！　～シェイクスピア『十二夜』を考える」wezzy、2016.08.11、https://wezz-y.com/archives/34395
・「ディズニーに乗っ取られたシンデレラ～民話の変貌をたどる」wezzy、2018.12.10、https://wezz-y.com/archives/61688
・「理想宮か、公共彫刻か？　～『アナと雪の女王』」Commentarius Saevus（著者のはてなブログ)、2014.05.15、https://saebou.hatenablog.com/entry/20140515/p1

Chapter 4
・「女の子がムラムラしてはいけないの？　イギリス文学における女と性欲」wezzy、2017.08.10、https://wezz-y.com/archives/49539
・「「#女性映画が日本に来るとこうなる」の「女性映画」ってなに？　～変わりゆく女たちの映画」wezzy、2016.10.09、https://wezz-y.com/archives/36518
・「女性映画としてのトランスジェンダー女子映画～『タンジェリン』と『ナチュラルウーマン』」(単行本書き下ろし)
・「読書会に理屈っぽい男は邪魔？　女性の連帯を強める読書会の歴史を探る」wezzy、2016.11.10、https://wezz-y.com/archives/35823
・「ミス・マープルは何でも知っている～変わりゆくアガサ・クリステ

ィの世界」（単行本書き下ろし）

Chapter 5

・「愛の理想世界における、ブス～夢見るためのバズ・ラーマン論」wezzy、2016.02.10、https://wezz-y.com/archives/26785
・「隠れたるレズビアンと生殖～『わたしを離さないで』」wezzy、2016.03.10、https://wezz-y.com/archives/27725
・「父の世界からの解放～「フェミニスト的ユートピア」を描いた『バベットの晩餐会』」wezzy、2015.12.10、https://wezz-y.com/archives/25413
・「女だけの街」を考える（単行本書き下ろし）
・女は自由な社会の邪魔者なの？　～ディストピアSFの性差別（単行本書き下ろし）

Chapter 6

・「『人魚姫』は何の話なのか？――『リトル・マーメイド』の原作に戻る」wezzy, 2022.10.8, https://wezzy.com/archives/95170
・「ビートルズが歌う 'Boys' はなぜ面白いか――歌手のジェンダーと歌詞のジェンダーステレオタイプ」wezzy, 2020.9.10, https://wezzy.com/archives/80928
・「ハリー・ポッターとイギリス文学における同性愛――『ハリー・ポッターと死の秘宝』精読」wezzy, 2019.12.11, https://wezzy.com/archives/71162
・「レズビアン死亡症候群、サイコレズビアン――ステレオタイプなマイノリティ描写はなぜ問題？」wezzy, 2019.11.10, https://wezzy.com/archives/70347
・「発達障害と診断された私――ASDとADHDだとわかるまでに出会った本や映画について」wezzy, 2022.9.10, https://wezzy.com/archives/95048
・「どうもありがとう。パメラ・アンダーソン」（文庫書き下ろし）

画像出典一覧　※記載がないものは全て著者撮影

p. 67……２枚とも Wikimedia Commons より

上が [[File: Virginia Woolf in Dreadnought Hoax.jpg]], https://commons.wikimedia.org/wiki/File:Virginia_Woolf_in_Dreadnought_Hoax.jpg

下が [[File: Vita Sackville-West at Monk's House.jpg]], https://commons.wikimedia.org/wiki/File:Vita_Sackville-West_at_Monk%27s_House.jpg